위대한 도전

# 위대한 도전

저자 | 김명자

북그루

코리아 서울이 어디에 있는 나라인지 제대로 알려지지 않았던 시대, 88올림픽을 하기로 되어 있는 나라 정도로 알고 있던 1985년경, 외국 슈퍼마켓이나 할인 매장 또는 길거리 좌판에서 팔리는 한국산 액세서리를 보고 나는 '왜 한국산은 외국의 백화점에서 눈부신 조명을 받으며 당당히 팔릴 수 없을까?' 하고 생각했다.

아무도 주목받지 못하던 코리아 브랜드를 가지고 왜? 로 시작한 의문과 끓어오르는 자존심만으로 세계 유명브랜드 주얼리 시장에 뛰어든 어리석은 여자가 나였다. 나는 결혼으로 경력 단절 8년 차 되던 34살에 인생의 전환점을 맞이하였다.

이 책은 수시로 몸을 괴롭히던 천식, 이명, 갑상선암, 아토피, 대상포진, 섬유근육통 등 각종 질병에도 굴하지 않고 세계 60개국과

지구를 50바퀴 돌며 세계의 유명 브랜드 바이어들을 찾은 결과 오
직 품질과 신용으로 설득하여 그들을 한국 최초로 유명 브랜드 주
얼리 30여 개 회사의 제품 생산지를 유럽과 미국으로부터 한국과
중국으로 옮긴 여자의 어리석고 황당하기까지 한 스토리이다. 대부
분의 기업인이 책을 낼 때 명필가들이 대필하여 내용을 매끄럽고,
세련되게 전개하는 반면에 나는 34년 동안의 수많은 내 이야기를
딸에게 쓴 편지와 바이어와 미팅 때 찍은 사진을 토대로 두서없이
시작하였다. 그나마 쓰다 보니 책 3권 분량인 900페이지가 넘어 다
시 한 권으로 줄이느라 많이 어색하고 부족하여, 졸필로 시작하여
졸필로 끝남에 너른 양해를 바란다.

졸(拙)저자 _김명자 金名姿

미국 부모들은 "앞으로 미국의 어린이들은 부모 세대보다 훨씬 풍요로운 생활을 할 것이다"라고 장래를 밝게 전망하지만, 한국의 부모들은 앞으로 부모 세대보다 훨씬 가난하게 될 자식 세대를 염려합니다.

### 왜 그럴까요?

넉넉지 못한 살림에 형제들은 많아 고생스러운 유년기를 가졌던 나와 같은 세대의 부모들이 자녀를 한 명 또는 두 명만 낳아 금이야 옥이야 키워 어렵고 힘든 일은 안 시키려 하고, 100세 150세를 살아가야 할 젊은이들은 젊은이들대로 힘들고 어려운 도전은 피해 나가기 때문에 삶의 무게가 더 무겁게 어깨를 누르기 때문입니다.

부모가 만들어준 알의 속이 안전하고 편안하다고 그대로 있으면 그 안에서 죽고, 용기를 가지고 껍데기를 깨고 나오면 새로운 세상을 만날 수 있습니다.

# 젊은이들이여,

부모가 만들어준 유리 온실 속

스마트폰의 창살 없는 감옥 속에서

노예처럼 살며

알껍데기 안에서 현실에 안주하여

죽을 날을 기다릴 것인가?

고통을 무릅쓰고 껍데기를 깨고 나와

여러분의 꿈에 도전하여

새로운 세상에 살 것인가?

책
을
닫
으
며

# 無言으로 주신 가르침

　2000년 8월 초 어느 날, 웅성거리는 소리에 눈을 떠 보니 사무실 직원들이 뼁 둘러서서 나를 걱정스레 내려다보고 있었다. 삼성 의료원 응급실이었다. 그것도 환자가 너무 많아 베드가 부족하여 응급실 바닥 매트리스 위에 누워 있는 나 자신을 보고 나도 놀랐다.

　회사에서 내일 아침 비행기로 뉴욕 출장을 가기 위해 준비하다가 정신을 잃고 사무실 바닥에 쓰러져 있었던 나를 결재받기 위해 내 방에 왔던 직원이 발견한 것이다. 의사는 과로로 인한 탈진으로 체력이 너무 심각한 상태이므로 입원해서 치료를 받으라고 했다.

　내일 당장 뉴욕으로 출발해야 하는 나에게 이게 무슨 날벼락

인지….

직원들은 "뉴욕 상담을 연기해야 한다"라며 입원 수속을 했다. 그러나 직원들이 모두 집으로 돌아간 늦은 밤 나는 몰래 퇴원하여 다음 날 아침 뉴욕행 비행기에 몸을 실었다.

뉴욕에 도착하여 회사로 전화해 깜짝 놀라는 직원에게 응급실 침대보다는 비행기 좌석이 훨씬 더 편하더라는 농담 섞인 내 말에 걱정하며 황당해했다. 주사기를 꽂았던 팔과 손등이 시커멓게 퉁퉁 부어 있는 것을 본 바이어들이 놀라고 당황해하며 "무슨 일이 있었냐?" 라고 물었다. 내가 웃으며 "남편에게 살림 못 한다고 얻어맞았다." 하니 모두가 깜짝 놀랐지만, 금방 농담인 줄 알고는 "Mrs. 김, 이런 몸으로 어찌 비행기를 타고 그 먼 길을 왔소. 약속과 사업도 중요하지만 건강해야 우리랑 오래 함께 일할 수 있어요. 호텔에 가서 좀 쉬도록 하세요" 하며 첫날은 여느 때보다 훨씬 빨리 그리고 수월하게 미팅을 마쳤다.

하지만 다음날 상담 도중에도 순간적으로 정신을 잃는 사건이 생겼다. 미팅하면서 가격 협상 중에 바이어에게서 가격을 조정해달라는 요청을 받고는 눈을 뜨고 앞을 응시한 채 아무런 반응도 없이 몇 분 동안을 멍하니 있었다. 상담하던 바이어는 내가 화가 나서 그런 줄 알고 당황하여 잠시 자리를 비웠다가 다시 들어왔다. 하지만 여전히 그대로 앉아 있는 것을 보고 놀라서 웅성거리는 소리에 나는 정신을 차렸다.

잠시 정신을 잃은 것이다. 매일 아침 9시에 시작해서 저녁 9시나 10시에 끝나는 5일간 미팅을 마친 금요일 저녁, 지친 몸으로 호텔에 돌아온 나는 긴장이 풀어졌는지 온몸이 덜덜덜 떨리고 식은땀이 소나기처럼 나면서 고열과 몸살로 쓰러졌다. 이틀 동안을 호텔 방에서 혼자 끙끙 앓고야 말았다.

뉴욕 사건 이후에도 독일 함부르크와 영국에서도 이러한 일이 있었지만 단 한 번도 바이어들에게 나의 사정으로 약속을 연기하거나 변명하는 것을 스스로 용납하지 않았다. 어려움이 있을 때마다 옛날 어릴 때 기억이 떠올라 약해질 수가 없었다.

나는 어릴 때 몸이 무척 허약해서 해마다 여름이면 며칠씩 쓰러져 못 일어나곤 하였다. 그럴 때마다 어머니께선 나를 못마땅해하시면서도 강가에 사시는 작은 외삼촌에게 연락하셔서 장어를 잡아 오시게 하여 그것을 솥에 푸욱 삶아 우유처럼 만든 다음 복숭아 통조림 한 쪽과 함께 나에게 매일 먹이곤 하셨다.

초등학교 3학년 뜨거운 여름 어느 날, 점심 식사 후 반 학생들이 졸고 있을 때 담임선생님께서 "모두 나가 운동장 한 바퀴 돌고 와요."

하셨다. 전교생 2,400명이 운동회를 할 정도의 운동장이 그날은 유난히 더 크고 거대하게 보였다. 우리가 뜨거운 태양 아래 개미처럼 헉헉거리며 겨우 운동장을 돌아왔더니, 선생님께서 열 뒤에 있는 나부터 "다시 한 바퀴 더 돌고 오라." 하시고 큰소리로 호령을 하셔서 우린 놀라고 실망스러웠지만, 죽을힘을 다해 다시 뛰기 시작했다.

운동장 반쯤 돌 무렵 맨 뒤에서 뛰던 나는 현기증이 나고 토할 것 같아 더 이상 버티지 못하고 운동장 바닥에 털퍼덕 주저앉았다. 반 친구들이 뜨거운 여름 볕에 개미처럼 허우적거리며 뛰어가는 것을 앉아서 바라보며 고개를 떨구었다. 선생님은 운동장에 쭈그리고 앉아 있는 나에겐 눈길도 주시지 않고 나머지 학생들만 데리고 교실로 가셨다.

그리고 그날은 일찍 퇴근을 하시는 것이었다. 교실 처마 밑에 웅크리고 앉아 있는 나를 쳐다보지도 않으시고 사라지는 선생님을 바라보던 일은 평생 가슴에 남아 있었다.

'선생님께선 왜 반장인 나부터 다시 뛰게 하셨을까? 그리고 왜 묻지도 꾸지람도 하지 않으실까?' 언제나 칭찬을 아끼지 않으시며 친절하시고 부모님보다 더 자애로우시던 담임선생님께서는 꾸지람도 하지 않으시고 이유도 묻지 않으셨다. 그리고 그다음 날도 그다음 날도 아무런 말씀이 없으셨다. 그 이후 나는 그때 쓰러질 때까지 뛰지 않고 주저앉은 것을 후회하며 중학교, 고등학교 체력장을 할 때마다 죽기 살기로 800m 완주를 한 뒤 응급실에 실려 가곤 하였다. 어떠한 어려운 상황이 있어도 죽을 때까지 최선을 다해야 한다는 것이 마음속 깊이 새겨져 그 이후로 무슨 일이 있어도 해결할 때까지 최선을 다하고 잘못되어도 절대 변명하지 않았다.

지난 34년 동안 사업을 하면서 아무리 몸이 아파도 병원에 입원하기 전에는 약봉지를 들고 회사에 출근했고 회사에서 앓을망정 집에 누워 있지 않았다. 집에 누워 있으면 몸이 더 아프고 마음이 편하지 않다. 그때 만약 선생님께서 나의 나약함을 안아 주시고 보듬어 주셨으면 지금의 나의 강단과 끈기, 오기, 인내심이 자랄 수 있었을까? 그때 그런 일이 없었더라면 건강하지도 않은 몸으로 지구를 50바퀴 이상 돌며 국제 비즈니스를 하는 것이 가능했을까?

無言으로 꾸짖으시고 無言으로 가르쳐 주신 초등학교 3학년 담임인 이성실 선생님은 영원한 나의 스승이시다.

**위대한 교사는 무엇을 가르치지 않아도
듣는 사람의 가슴에 불을 붙인다.**

# 02

# 나의 멘토
(愛人愛學)

초등학교 1학년 초여름 경이었다. 학교 수업이 끝나고 모두 신나게 집으로 가는데 나는 학교 운동장 놀이터 시소나 미끄럼틀 위에 책보자기를 풀고 그 위에서 숙제를 하곤 했다.

집에서 숙제할라치면 어린 동생들이 책을 찢거나, 엎드려서 숙제하는 내 등을 타고 오르곤 했기 때문이다.

마을에서 이름난 大農家(대농가)를 이끌고 계셨던 할아버지의 막내 아들인 아버지는 일곱 살 때 할머니가 돌아가셔서 형님 부부인 큰아버지와 큰어머니 밑에서 그 조카들 5명과 함께 컸다고 한다. 마을에서 가장 농토가 많은 부농인 큰집은 가을 시제 때는 떡을 12 시루나

해서 제사 후 마을 사람들에게 나누어 주던 부유한 집안이었지만 어느 날 3살 위인 아버지 조카가 세상을 뜨고 다시 동갑인 조카까지 세상을 뜨자 형수님인 큰어머니가 중학생인 아버지를 일찍 혼인시키고 분가시키셨다.

부잣집 막내아들로 자라다가 갑자기 가장이 된 아버지는 가족이 늘어나자 제천 시내에서 멀지 않은 곳에서 트럭 운수업에 뛰어드셨고 농사일은 어머니가 도맡아 하셨다. 우리 가족은 내가 초등학교 들어가기 전까지는 아버지의 사업 덕택으로 서울에서 유행하던 도시 문화를 가장 빨리 접할 수 있었다.

동네 모든 아이들이 치마 저고리를 입을 때 언니와 나는 빨간색 골덴 양복을 입었다. 추운 겨울에도 스펀지가 대어 있는 빨강색 나일론 재킷을 마을에서 제일 먼저 입었고 예쁜 꽃무늬 고무신도 마을에서 제일 먼저 신고 다녔다.

그러나 어느 날 아버지가 운영하던 트럭이 대형사고가 나면서 집안이 어려워지자 우리 가족은 제천에서 멀리 떨어진 함백이라는 두메산골로 이사를 했다. 그곳에서 우리 가족은 쌀가게가 딸린 집에 살았는데, 어머니는 쌀가게에서 마른 북어, 조기, 멸치, 두부 등 식생활에 필요한 것들을 팔았다. 언니는 엄마를 돕느라 바빠서 어린 동생들은 항상 내 차지였다. 둘째 딸인 나는 내 밑으로 남동생 2명 여동생 2명이 더 있다.

내가 숙제하느라 동생들을 제대로 보지 못하여 동생이 칭얼대거나 울면 어머니께서 "이 책 귀신아, 도대체 너는 뭐가 되려고 그러느냐, 계집아이가 문장이라도 되려고 하느냐, 너는 왜 매일 책만 보느라 동생들도 제대로 못 돌보냐."라며 꾸지람을 하셨다.

어느 날 칭얼거리는 아기를 재봉틀 다리에 묶어 놓고 숙제를 하다가 아기가 거꾸로 넘어져 아기도 놀라고 나도 놀라 정신이 나갔는데 화가 나신 어머니는 "너, 동생도 제대로 보지 않으려면 학교에도 가지 마라." 하시며 내 책들을 싸잡아 몽땅 비 오는 마당에 내던지셨다. 나는 비에 젖은 책을 주섬주섬 가슴에 안고 지붕 처마 밑에 앉아 울면서 엄마가 동화책에 나오는 계모가 틀림없다고 생각했다. 언니는 아기가 칭얼대면 업고 밖으로 나가곤 했지만 난 아기를 업을 만큼 건강하지 못해서 항상 방에서만 데리고 놀아야 했기 때문에 더 힘들고 아기 돌보는 것이 제일 싫었다.

그날도 학교에서 숙제하려고 시소 위에 책보자기를 풀고 방금 숙제를 시작했는데 빗방울이 뚝뚝 떨어지기 시작하는 것이다. 얼른 책보자기를 챙겨 다시 교실로 갔으나 이미 교실 문은 잠겨 있었다. 하는 수 없이 복도 신발장 옆에서 꾸부리고 숙제를 하고 있는데 마침 지나가시던 선생님이 나를 보시고 "왜 집에 안 가고 여기서 공부를 하느냐."라고 물으셔서, "동생들 때문에 집에서 숙제를 할 수 없어요."라고 하자 선생님께서 복도 끝에 도서관이 있으니 거기에 가서 하라고 일러 주셨다.

처음으로 학교 도서관이라는 곳을 알게 된 나는 그곳이 조용할 뿐만 아니라 많은 책이 있음을 알고 기뻤다. 조용하여 숙제하기엔 최고로 좋아 매일 수업이 끝나면 도서관으로 달려가 숙제도 하고 책도 보면서 가끔 흐트러진 책 정리도 말끔하게 하곤 하였더니 도서관 담당 선생님께서도 나를 반기시고 내가 읽으면 좋을 책들을 친절하게 골라 주시곤 하셨다. 처음엔 율곡 신사임당 등 우리나라 위인전을 주로 읽다가 퀴리 부인, 링컨, 베토벤과 같은 세계 위인전을 읽으면서 비로소 세상에는 우리나라만 있는 것이 아니고, 세계 여러 나라에 훌륭한 사람들이 많다는 것을 알게 되었다. 그러면서 도서관에 있는 책들과 친해지기 시작했다.

많은 위인전의 다양한 이야기가 나를 사로잡았다. 나는 책 속의 신비로운 세상에 빠져 서서히 책벌레가 되어 갔다. 매일 도서관에서 수많은 책을 읽다 보니 학교 성적도 쑥쑥 올라 선생님과 반 친구들

사이에 인기도 많아지고 어느새 학교에선 우등생, 반장이라는 호칭이 붙었다. 4학년 김송자 담임선생님은 무용 선생님이셨는데 키가 크고 가늘게 생긴 나에게 틈틈이 발레를 가르쳐 주셨고 학예회 발표 때도 다른 아이들은 모두 어머니가 오셔서 화장과 머리를 해 줄 때 나는 담임선생님이 발레 옷도 사 주시고 화장과 머리도 해주셨다.

그리고 교내 글짓기 대회에 반대표로 참가하여 '우산'이라는 동시를 지어 전교 2등을 하자 담임선생님은 나를 문예반 선생님에게 데리고 가서서 동시 쓰는 것을 특별 지도해 달라고 부탁하셨다. 아마도 나에게 무관심한 우리 부모님과 집안 사정을 고려하시고 발레보다는 동시를 택하신 것 같다. 내가 처음 문예반 선생님에게 지도를 받을 때 "선생님, 지난번 동시 대회 때 언니 오빠들의 글이 훨씬 더 예쁜 단어로 멋있었는데 어째서 제 시가 당선되었는지 궁금해요." 하였더니 선생님께선 "詩란 예쁜 단어들의 나열이 아니라 마음의 소리를 표현해야 한단다."라고 하셨다.

그때 선생님의 '마음의 소리'라는 말씀에 詩를 이해하고 자연을 사랑하고 자연과 대화하기 시작했다. 담임선생님의 특별한 관심과 문예반 선생님의 따뜻한 배려로 나는 일주일에 1~2편 동시를 써서 초등학교 졸업할 때까지 개인 지도를 받기도 했다. 나는 이때부터 글

쓰는 것에 재미를 느끼며 시를 좋아하게 되었다.

방과 후 항상 도서관에 있는 나는 가끔 선생님과 함께 시험지 채점이나 성적표 정리 등을 도와 드리면서 초등학교 3학년부터 선생님들의 조교 노릇을 하면서 커서 선생님이 되고 싶은 꿈이 생겼다. 나를 인정해 주시고 믿어 주시는 선생님들이 계시는 학교생활은 집과는 정반대의 세상이었다. 학교에서 나의 존재와 능력을 인정받아 자신감이 생기고 모든 것이 즐거웠다. 중학교 경주 수학여행 때는 담임 선생께서 여행비를 대신 내주셨고 국어 선생님과 다른 네 분의 선생님들께서 수학여행 가서 쓰라고 용돈을 주셔서 그 누구보다도 풍족하고 행복한 수학여행을 다녀왔다.

집에선 아들에게만 정성을 쏟으시는 부모님께 둘째 딸이고 두 남동생을 둔 나는 허약하고 병치레만 하는 천덕꾸러기로 존재감도 없었지만, 학교생활은 천국 그 자체였다. 초등학교 때 수많은 위인전과 다양한 책을 읽은 결과 중, 고교 시절에는 정부가 주관하는 '전국 학생 자유 교양 경시대회'에 학교를 대표해서 참가하게 되어 더 많은 책을 읽게 되었고 각종 경전과 성경도 접했으며 세계 위인전과 성인들에 관한 책을 많이 읽었다. 세계 성인들 노자, 소크라테스, 공자, 석가모니, 마호메트, 예수 등을 읽고 종교에 대한 편견이 없어졌다.

지금까지 살면서 나 자신의 문제로 누구와도 다투거나 싸우지 않는 것과 아무리 억울한 누명을 쓰거나 누가 모함을 해도 찾아가서 해명하거나 이해시키려 하지 않음은 성인들의 책을 많이 읽은 영향을 받았는지도 모른다. 특히 나같이 10대 후반인 공자가 계찰 스승에게 수학하던 중, "지는 사람은 이기는 사람보다 얻는 것이 더 많고 반복해서 실수를 하지 않는 사람이 언젠가는 성공한다."라고 하여 스승인 계찰을 감동하게 한 '다툼에서 지는 법'을 깨우치는 모습에서 깊은 감명을 받았다. 나와 같은 나이 때의 일이었기 때문이다.

특히 자존심이 강한 사람은 자신의 체면 유지에 급급하여 원인과 결과를 남에게서 찾으므로 구차한 변명으로 남을 원망한다. 반면 자존감이 강한 사람은 모든 원인과 결과를 나 자신으로부터 찾기 때문에 스스로를 존중하며 사랑하여 다시는 실수를 하지 않는다는 것을 알았다. 어른이 되어 공자가 무지(無智)한 제자에게도 지혜(知慧)를 배우는 모습에서 더욱 공자에 매료되었다. 남의 단점을 보는 예리하고 스마트한 지혜보다 사람들에게서 장점을 배우려 노력하자 모든 사람이 나의 스승처럼 느껴져서 싫은 사람이 별로 없다. 이러한 나를 보고 아버지는 가끔 "너는 바보냐 아니면 천사냐?" 하시며 답답해 하셨고 주위 사람은 "도대체 색깔이 없는 사람이다. 이편도 아니고 저편도 아니다"라며 불평을 하기도 했다.

세종대왕, 황희, 앤 설리반, 링컨 대통령 등 수많은 위인은 내가 어려움에 처해 있을 때마다 용기와 인내를 가르쳐 주었고 등대처럼 길을 밝혀 주었다. 또, 중국 역사 이야기, 십팔사략에 나오는 지략가들의 뛰어난 전략들과 왕들이 인재를 귀하게 여기는 지혜로움은 내가 사업을 하는 데 많은 도움을 주었다.

나는 한국 역사상 가장 위대한 왕 세종대왕과 세계 역사상 가장 위대한 대통령인 링컨 대통령을 나의 평생 멘토로 삼고 있다. 세종대왕은 무엇보다도 두 형을 두고도 자신을 세자로 책봉하는 것에 대해 반대했던 황희를 중용한 포용의 리더십으로 성삼문, 장영실과 같이 신분과 관계없이 인재를 등용하여 조선조 500년의 기틀을 마련했으며, 링컨은 가난한 집에서 태어나 정상적인 학교 교육을 받지 못했고 사업을 하다 두 번 망했고, 사랑하는 여인을 잃고, 정신 병원 신세를 졌으며, 선거에 여덟 번이나 낙선했지만 수많은 고통과 수난을 겪은 인생 막바지에 미국 대통령이 되어, 심지어 '원숭이 촌놈'이라고 자신을 무시했던 에드윈 M. 스탠턴을 중용하여 남북 전쟁을 승리로 이끄는 데 큰 역할을 맡기고, 대통령 후보 자리를 놓고 다투었던 가장 큰 정적 세 사람을 국무장관, 재무장관, 법무부 장관에 모두 등용하는 포용과 통합의 리더십을 보여주었다.

책은 나에게 단순히 무지(無知)를 줄여 주는 수단이 아니라 새로운 세상을 열어 주는 창(窓)의 역할을 해 주고 휴식을 함께 하는 영혼의 동반자이다. 책은 영원히 변신하지 않는 나의 친구요 나의 스승이며 나의 멘토이다. 어려움이 있을 때마다 언제나 용기와 희망을 주는 동반자요, 등대 같은 존재이기도 하다.

부모님의 극심한 아들 편애 덕분에 난 학교 도서관으로 피신하여 수많은 책을 읽으며 새로운 세상 속에서 수많은 꿈을 꾸며 무엇이든지 자기가 좋아하는 것을 열심히 하면 인정받는다는 것을 체험하게 되었다.

오늘날
나를 있게 한 것은 우리 동네 도서관이다.
하버드대 졸업장보다 더 소중한 것이 독서하는 습관이다.

－빌 게이츠－

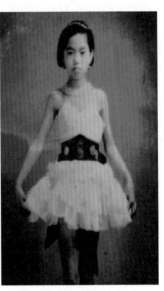

▌자유교양 경시대회 ▌발레복 입은 초등 4학년

# 03

## 어리석은 사람이
## 산을 옮긴다

우공이산(愚公移山)

이 세상은

어리석은 사람과 지혜로운 사람이 살고 있다.

이 사회는

대부분이 지혜로운 사람으로 구성된다.

지혜로운 사람은 사회의 무질서를 바로잡고

개인과 공익을 위해 힘쓰므로

사회가 공존하는데 이바지하고

소수의 어리석은 사람은

남들에게는 하잘것없고

무모한 행동으로 보이나

본인이 하고자 결심한 일은

어떠한 어려움이 있어도 꼭 결실을 보기 때문에

이 사회의 변화와 개혁을 이끈다.

세계적인 발명가 에디슨, 라이트 형제가 그런 사람들이다.

## 초등생의 엉뚱한 발상

초등학교 5학년 방학 때 언니가 자취하는 서울 성동구 행당동 집에 온 적이 있다. 언니가 출근하면 집 부근에 있는 무학 여중·고 운동장에 가서 나무 그늘 벤치에 앉아 책도 보면서 중·고등학교는 무학 여중·고에 가고 싶었다. 언니한테 이야기했더니 부모님 허락을 받아서 함께 있자고 했다. 서울에 있는 중학교에 간다는 부푼 꿈은 아버님이 경영하시던 기와 벽돌 공장이 공장장인 사촌 오빠의 노름빚으로 파산하는 바람에 좌절되고 말았다. 오로지 집안의 모든 희망을 아들에게 거신 부모님인데 2명의 남동생까지 있는 어려운 집안 살림을 뻔히 아는 내가 서울 중학교는커녕 시골 중학교도 가겠다고 말할 수 없었다.

6학년 담임선생님이 부모님을 찾아오셔서 "이 아이는 중학교 입학만 허락해 주시면 중·고등학교는 장학금으로 공부할 수 있습니다. 돈 걱정 마시고 입학만 허락해 주십시오."라고 사정사정을 하셔서 겨우 허락을 받았다. 어려운 살림에 여자애를 중학교 보낸다고 어머니께선 무척 못마땅해하셨다. 난 장학금을 받으면서도 중학교 1학년 때부터 아이들을 가르치는 가정교사를 해서 부모님께 일체 돈 이야기는 하지 않았다.

집안 형편 때문에 서울 중학교에 못 가게 된 것은 어린 나에게 커다란 실망이었다. 나는 너무도 속상해서 중학교 시험을 마치고는 거의 문밖 출입을 하지 않고 집안에서 밤낮 책만 보았다.

그 당시 아버님이 마을에서 서울신문 지국장을 하셨다. 돌리고 남은 신문은 모두 우리 가게에 쌓아 놓고 가게 손님들 물건을 싸 주거나 화장실 휴지가 없던 시절에 화장실 휴지로 사용하고 있었다. 어느 날 보던 책을 다 본 후 신문을 뒤적거리다가 눈에 번쩍 뜨이게 하는 문구가 있었다. '신춘문예' 광고였다. 그중에서도 소설 부문이 상금이 제일 컸다. 소설 부문에 당선되면 서울에 있는 중학교에 갈 수 있을 것 같았다. 그때까지 나는 동시는 지어 봤지만, 소설은 쓴 적이 없었다.

그래도 도전해보고 싶은 마음에 교과서에 나온 「소나기」라는 단편 소설을 여러 번 탐독을 한 후 소설을 써 보기로 결심을 했다. 몇 해 전부터 서울에서 시골 할머니 집으로 요양 와서 지내는 서울 남자애와 친해졌는데 그 친구와의 이야기를 쓰기로 했다. 나이가 나와 비슷한 서울 소년은 무슨 병인지 학교를 휴학하고 벌을 키우는 시골 할머니 댁에 와서 휴양하고 있어서 자주 만났다. 소설 내용은 그 남자 친구와 여름에 계곡에서 고기와 가재 잡던 이야기, 둘이 주전자를 하나씩 들고 산딸기 따러 산속에 갔다가 너무 깊숙이 들어가 길을 잃고 무서워서 눈이 퉁퉁 붓도록 울며 산속 길을 헤매던 이야기를 썼다. 매일 밤낮으로 쓰고 고치고 해서 원고지 500장 정도를 신문사로 보냈다. 그리고 날마다 조간이 오면 제일 먼저 달려가 소식을 기다렸다. 그러나 한 달, 두 달, 석 달이 지나도 아무런 소식이 없었다.

지금 생각하면 이 얼마나 황당한 일인가? 초등학교 6학년이 신춘문예 소설 부문에 참가하겠다고 소설 원고를 보냈으니….

그래도 서울에 있는 중학교에 가고 싶은 간절함에 내가 할 수 있는 일을 해서 부모님을 기쁘게 만들어서 꼭 서울 중학교에 가고 싶었다. 기다리고 기다려도 신문사로부터 소식은 없었다. 날이 갈수록 나의 행동이 괜스레 부끄럽고 창피스러워 누구에게도 이 사실을 말하지 못했다. 신문사도 내가 보낸 글은 아예 읽어 보지도 않았을 것이다. 초등생의 황당한 행동이 얼마나 우스꽝스러웠을까? 하지만 세월이 많이 흘러 어른이 된 후에 생각해 보니 절로 웃음이 나기도 한다. 그러나 아무리 어린아이가 황당한 글을 보냈어도 그 어린아이가 그 많은 원고를 써서 보냈는데 아무런 답신이 없었다는 것은 어른들이 너무 무성의한 것 같았다.

┃ 지방 신문과 여학생 책에 실린 詩(시)

난 그 뒤로 소설은 쓰지 않았다. 중학교 땐 학교 이름과 학년을 빼고 내 이름과 집 주소만 쓰고 지방 신문사에 詩를 지어 보냈더니 실린 적이 여러 번 있어서 용기를 얻어 《여학생》이라는 월간지에 단골로 글을 보내 여러 번 채택이 되자 전국적으로 팬 친구들이 생기기도 했다.

모른다는 것은 부끄러운 일이 아니다
모르는 것을 아는 척하는 것이 부끄러운 일이다.

_톨스토이 _

# 보우 寶友

내가 만약 무역이나 경영학을 전공했었다면, 국제시장 현황과 한국이 세계 시장 속에서 어떠한 위치에 있는지 알았다면 1985년경 세계가 코리아라는 나라가 있는지도 모르는 시대에 그것도 콧대 높은 유럽 고급 주얼리 시장에 "Made in Korea 보우 자체 브랜드"를 수출하려고 덤볐을까?

1984년 9월 어느 날 저녁 무렵 도우미 아줌마가 저녁 식사 준비를 하는 동안 나는 7살 아들과 5살 딸을 데리고 정원에 있는 대추나무에서 저녁 식탁에 놓을 빨갛게 잘 익은 대추만 골라서 따고 있는데 거래하는 무역회사 사장이랑 바이어 픽업하러 공항 간다던 남편이 헐레벌떡 집으로 달려와 "공항에 함께 가기로 한 K 트레이딩 김 사장이 파산하여 미국으로 도망가고 없어. 지금 공항으로 네덜란드 바이어 마트를 픽업하러 가자."라고 했다. 나는 남편의 숨넘어가는 재촉에 정신없이 영어사전만 들고 따라나섰다.

마트는 네덜란드 암스테르담 사람으로 액세서리 반제품 부품만을 수입해 가는 바이어였다. 그는 남편 회사에서도 반제품인 엑폭시 부품을 K 트레이딩 회사를 통해 수입해가고 있었다. 집에서 아이들에게 영어 단어를 가르치느라 매일 녹음기를 틀어 놓고 있었지만, 외국인은 물론 한국인과도 영어로 대화를 한 번도 해 보지 않은 내가 갑자기 외국인과 대화라니!

김포공항에서 마트를 태우고 하얏트 호텔까지 가는데 대한민국을 몇 바퀴 도는 것처럼 어찌나 멀고도 먼지, 떨리고 두려운 시간은 시계가 멈추어 있는 것 같이 힘들고 지루했다. 남편은 운전하고 나는 아는 단어만으로 현재 사정을 설명하기도 힘든데 질문을 하면 무슨 말인지 통 알 수가 없어 종이에 써서 보여 달라고 하여 사전을 찾아보며 겨우 대답을 하느라 진땀을 뺐다.

호텔에 데려다주고 다음 날 아침에 만나기로 약속하고 집으로 돌아오는데 입은 바싹 타들어 갔고 혼은 빠져 넋이 나갔지만, 다음날이 더 큰 걱정이었다. 밤새도록 다음 날 할 이야기를 영어로 외웠다. 그러나 다음날도 밤새 외운 문장은 하나도 생각나질 않고 역시 단어 하나하나로 하루 종일 혼이 났다. 그나마 중학교 때, 중 1학년 영어와 수학 과외 지도를 하느라 중 1 영어 교과서를 처음부터 끝까지 달달 외운 적이 있는데 그것이 큰 도움이 되었다. 지금도 외국 바이어와 비즈니스를 34년 했어도 나의 영어 실력은 중1 학년 수준이다.

그다음 날도 영어 사전을 들고 다니며 바이어가 거래하는 회사들을 함께 다니며 약속대로 상담을 마치도록 도와주었다. 상담을 마친 마트는 퇴계로 명동에 있는 '무역진흥공사' 지금의 코트라(KOTRA)를 찾아가서 K 트레이딩 회사에 관해 설명도 하고 다른 수출회사 소개도 받는 등 많은 도움을 받았다.

나는 담당자 D. H KIM이라는 분의 친절하게 도와주는 모습이 무척 인상 깊었다. 이때 처음으로 우리나라에 한국을 잘 모르는 외국인이나 처음 수출하는 한국인 중소기업을 적극적으로 도와주는 고마운 정부 기관이 있다는 걸 알았다. 이것이 내가 코트라를 알게 된 동기요, 주얼리를 수출하게 된 동기다.

영어를 못 한다고 다음날 마트를 도와주지 않고 무역 진흥 공사(코트라)에도 따라가지 않았다면 그리고 외국인과 중소 기업인에게 그토록 친절한 코트라 직원을 만나지 못했더라면 나는 아마 한국 주얼리를 외국에 수출해 보겠다고 도전을 못 했을지도 모른다.

다음 해 봄, 마트는 다시 한국을 방문하면서 "지난번 상담할 때 Mrs. 김이 도와 준 것이 큰 도움이 되었다"라며 남편에게는 양주를, 나에게는 향수를 선물했다. 상담할 때 내가 추천해 준 부품들이 반응이 무척 좋았다며 나보고 칼라 감각과 디자인 감각이 무척 뛰어나니 주얼리 디자인이나 비즈니스를 해 보라고 권했다.

결혼하기 전 약혼식을 하고 퇴사를 하여 집에서 쉬고 있을 때 약혼자인 남편이 전자 회사 부품에 사용하는 엑폭시를 동그랗게 만든 은박지에 입혀서 공깃돌처럼 만들어서 내게 주었다. 그것에 고리를 만들고 체인에 걸어 목걸이처럼 목에 걸고 다니는 것을 보고 약혼자인 남편은 여러 가지를 만들어 남대문 시장 도매상인에게 보여 주었다.

처음에는 별로 반응이 없다가 엑폭시는 페인트처럼 쉽게 벗겨지지도 않고 색도 변하지 않는다는 설명을 듣고는 용 두 마리가 있는 커다란 주물 액자를 보여 주며 색칠을 할 수 있느냐고 하자 그것을 받아가지고 와서 나에게 주며 색칠을 해 달라고 했다. 미술 전공도 하지 않은 나는 황당하고 앞이 깜깜했다. 150㎝ 정도 되는 용 액자를 보며 고민하다가 책방에 가서 르네상스 화가 중에 레오나르도 다빈치와 미켈란젤로 책을 사 와서 며칠을 보고 또 보고 연구하여 색칠을 완성한 후 주었다. 그 쌍용 그림을 자세히 살펴보더니 액세서리 부품 몇 가지에 한 번 색칠을 해보라고 주었다며 나에게 엑폭시 칠을 해달라고했다.

처음으로 액세서리에 색칠을 해보니 신기하고 재미도 있어서 집에서 열심히 칠해서 주었더니 도매상인 반응이 좋았단다.

무엇보다도 주물로 된 입체감이 있는 벽걸이용 두 마리(雙龍)를 색칠한 것을 본 도매상인은 머리핀 목걸이 귀걸이 등 다양하게 일감을 주었다. 약혼하고 집에서 결혼 준비하는 중이라 심심하고 따분한데 소일거리가 생겨 정성껏 칠해서 보여 주었더니 무척 놀라고 감탄을 하였다. 내가 색칠을 해준 액세서리가 남대문 도매 상가에서 뜨거운 반응이 있자 상가 대표님께서 직접 나를 찾아 집으로 오셨다. 한국 최초로 엑폭시 수지를 액세서리에 이용하게 된 것이다.

이 새로운 제품이 불티나게 팔리기 시작하자 남대문, 동대문 도매 상들이 찾아오기 시작하였고, 소문이 퍼져 수출회사들까지 우리 집을 찾았다. 난 결혼 전부터 집에서 2~3명의 아줌마를 데리고 부업으로 액세서리 반제품을 만들기 시작하여 주얼리에 눈 뜨기 시작하였고 집안 살림에 커다란 도움이 되었다.

결혼 후 아기 출산 이후부터 몸이 매우 쇠약해져서 나는 더 일할 수가 없어서 남편이 회사를 그만두고 공장 운영을 맡아 하였다.

마트의 이야기를 들은 남편은 계속 나에게 한번 시도해보라고 했지만 어릴 때부터 책 읽기 이외에 회사 근무가 전부인 나에게 무역, 수출, 디자인, 경영 모두 말도 안 되는 일이라고 생각했다. 그날 이후 남편이 적극적으로 "당신은 항상 미국, 유럽에 여행 가보고 싶어 했는데 이참에 무역회사 하나 만들고 여권 만들어서 그토록 소원이던 외국 여행이나 하지 그래."라고 권유했다.

나는 외국 여행이라는 소리에 귀가 솔깃해서 그만 덜커덩 회사를 만들었다. 남편이 일천만 원을 주어 조그만 사무실도 얻었다. 이것이 보우실업의 창업자금이 될 줄이야.

보우 寶友 (우정을 보석처럼 여기다)
BOW (Rainbow, 7가지 칼라 보석)

보우실업이라고 회사 이름도 내가 지어 사업자등록을 냈다.

1985년 6월 10일, 그 시절엔 외국인 회사나 외국인 초청장이 없으면 여권 자체가 불가능했기에 나에게는 절호의 기회여서 제일 먼저 여권부터 만들었다. 여권을 발급 받으니 외국을 갈 수 있다는 희망에 마음이 부풀기 시작했다. 그런데 일본, 미국 그리고 유럽을 다니면서 난 관광은 하지 않고 엉뚱하게도 백화점을 다니며 주얼리 가게들만 돌아보았다. 특히 남편 공장에서 만든 제품이 무역회사들을 통해 외국으로 수출을 많이 해서 어떻게 팔리고 있나 하고 모든 백화점 쇼핑몰을 뒤졌으나 고급 백화점 어느 곳에도 Made in Korea 주얼리는 없었고 겨우 찾은 곳이 길거리 좌판이나 슈퍼마켓 할인 매장이었다.

"왜 한국산 주얼리는 고급 매장에서 못 파나?"

"왜 한국인은 고급 제품을 못 만들까?"

한국에 돌아온 나는 주얼리에 관해 여러 가지 책을 사서 주얼리 공부를 시작하였다. 한국은 금·은 보석은 원자재가 생산되지 않아 경쟁력이 없어서 대부분 주얼리 무역회사들이 기계 체인 종류와 기계로 찍어 내는 스탬핑 종류를 싼 인건비로 만들어 대량으로 수출을 하고 있었다. 특히 한국 기계 체인은 품질도 좋고 가격이 좋아 전 세계에서 대단한 인기가 있어서 주얼리 수출의 80% 이상 차지하고 있었다. 그리고 다행히도 이리(익산) 공단에서 나오는 큐빅(cubic zirconia) 컷팅 기술과 품질이 세계적으로 인정받아 수출을 많이 하고 있다는 정보를 알았다.

"그래, 다이아몬드와 똑같은 공정으로 만든 큐빅을 금, 은 대신 신주로 만들어 보석이랑 똑같은 품질을 만들어 보자." 브랜드는 나에게 기회를 준 마트 이름을 딴 martelli로 하기로 했다. 결심을 하자 몇 년 전에 내가 용 그림을 그릴 때 참고로 읽은 화가들 책 중에서 미켈란젤로가 34살에 율리우스 2세의 강압때문에 조각가인 화가도 아니었을 당시 단 한 번도 그려보지 않은 그 어려운 시스티나 천장화를 고생 끝에 완성하여 세계 최고의 걸작을 만든 이야기가 내 머릿속에서 가슴으로 내려와 잠자던 나를 일깨웠다. 34살에 새로운 주얼리 비즈니스를 시작하는 나는 가슴이 뛰기 시작하였다. 주얼리 디자인 공부를 정식으로 하지 않은 나는 보석 디자인 책을 사다 공부하면서 디자인 개발에 들어갔다. 남대문에 외국 서적을 파는 책방에 가서 수출용 디자인에 대한 책을 있는 대로 모두 구입해 공부를 했다. 디자인 공부를 하면서 외국 잡지들을 사다가 유행하는 트랜드까지 살피며 어떠한 제품을 만들어야 하는지 결정을 내린 후 제품 개발에 들어갔다.

시작부터 엉뚱했고 처음 하는 디자인도 어려웠지만 처음 하는 개발은 더 어려웠다. 무엇보다도 대부분 주얼리 공장들이 싸구려 저가 제품만 취급하여 기계로 찍어 내는 프레스 제품이나 카피 캐스팅 그리고 체인 종류들만 만들고 있었고, 고도의 기술이 필요한 제품을 만드는 공장도 거의 없을 뿐 아니라, 겨우 공장을 찾아도 내가 원하는 품질이 나오질 않았다.

나는 내가 원하는 품질이 나올 때까지 매일 공장을 찾아가 지켜보고 짜증내는 기술자들에게 음료수와 과일 등을 사 들고 가서 사정했다. 아예 커다란 확대경을 들고 다니며 조그만 흠집 하나도 잡아내기 시작하니까 나만 가면 징그러운 벌레 보듯 하던 사람들도 차츰 반가워하고 공장에서도 보우 제품을 특별 관리하면서 조금씩 품질이 나아졌다. 캐스팅 공장에서 잔뼈가 굵은 장인 정신이 투철한 한 공장 사장님이 커다란 확대경을 들고 다니는 나를 오랜 기간 아무런 말씀도 없이 지켜보시고는,

"내 나이 육십 평생 이 사업을 하면서 내 공장에 확대경 들고 다니며 품질 검사하는 사람은 처음이오. 처음엔 며칠 저러다 말겠지 하며 지켜보았는데 그토록 보우 제품만 하라면 불만을 토로하던 우리 공장 사람들도 이제는 으레 확대경 품질에 맞추려고 노력하는 모습을 보고 나도 놀랐소." 샘플이 어느 정도 개발되자 코트라에 가서 수출하는 방법에 대해 상담을 하고 보우도 주얼리 수출 회사로 등록했다.

책이나 좋아하고 낯가림이 심해 사람들과 쉽게 어울리지 못하는 성격에다 무역이나 수출에 대해 전혀 알지도 못하는 사람이 이 얼마나 엉뚱하고 황당한 일인가?

▮ 처음 엑폭시를 사용해 그린 황룡과 청룡

이 세상에는
위대한 사람이 따로 있는 것이
아니라 단지
평범한 사람들의
위대한 도전이 있을 뿐이다.

| 내가 사용한 확대경 | 처음 엑폭시 코팅한 펜단트

# 애벌레로 살 것인가 나비로 살 것인가

"어떻게 하면 나비가 되죠?

" 날기를 간절히 원해야 해. 하나의 애벌레로 사는 것을
기꺼이 포기할 만큼 간절하게."
"죽어야 한다는 뜻인가요?
"그렇기도 하고 아니기도 하지. 겉모습은 죽은 듯이 보여도
참모습은 여전히 살아있단다.
삶의 모습은 바뀌지만, 목숨이 없어지는 것은 아니야.
나비가 되어 보지도 못하고 죽는 애벌레들하고는 다르단다.

−트리나 포울러스의 '꽃들에게 희망을'에서−

1986년, 고려무역(무역협회KITA)에 무역회원 등록을 마치고 주얼리
수출 사업을 하기로 마음먹고 주얼리 디자인 공부를 시작했다. 하나
하나 샘플도 만들고 무역진흥공사에 찾아가 외국 주얼리 바이어 목

록을 나라별로 받아와 내가 만든 샘플과 함께 편지를 세계 바이어들에게 보냈다. 처음에 100여 개 회사에 보냈더니 9개 회사에서 샘플을 더 보내라고 답신이 왔다.

신이 나서 다시 샘플을 보냈지만 단 1개 회사에서만 샘플 주문을 보내왔다. 처음 1%에도 너무도 감격하여 계속해서 한 달에 100개 외국 바이어에게 샘플과 편지를 보내었다. 1986년 9월 초에 서울 코트라 본사에서 영국 맨체스터 바이어가 한국에 11월 초에 방문하니 공항 가서 픽업해서 조선호텔에 투숙시키고 다음날 미팅하라는 일정을 보내왔다.

2개월 후에 있을 첫 바이어 상담 준비는 결혼 준비하는 신부보다 더 설레고 두렵고 기대되었다. 거의 매일 밤샘을 하며 샘플 준비를 하고 10평 되는 사무실을 정리하고 또 정리하고 1인 기업이라 혼자 북 치고 장구 치고….

그리고 11월 초 공항에 나가 Monty Wolfe-Bow라는 팻말을 들고 서 있었더니 키 작은 영국 아저씨와 덩치 큰 아줌마 부부가 나에게로 다가오시며 환하게 웃으셨다. 부부는 나에게 따뜻한 포옹과 키스로 인사를 한 후 예약된 조선 호텔로 향했다. 호텔로 가는 중에도 2달이나 영어 학원을 다니며 밤낮으로 연습한 영어 문장은 전혀 기억도 나지 않고 아는 단어 몇 개로 대답만 하던 내게 여전히 공항에서 호텔까지 가는 길은 멀고도 멀었다.

조선 호텔 체크인을 도와주고 집에 가려고 하자 "차 한잔하자"라고 권하셔서 커피숍에 자리를 함께했다. 차를 마시는 동안 몬티 부부는 나에게 사업한 지는 얼마나 되었나?, 몇 살이냐, 결혼은 했나, 아기들은 있느냐 등등 아주 친절하고 부드럽게 물으셨다. 사실은 부부가 나를 공항에서 보는 순간 너무 어리게 보여 회사 직원인 줄 알았단다.

다음날 새벽에 사무실에 가서 상담할 준비를 다시 점검 후 약속 시간보다 미리 호텔에 가서 로비에서 기다리다가 두 분을 모시고 사무실로 왔다. 처음으로 하는 미팅이라 마음 설레고 흥분되었지만 어설픈 나의 영어와 비즈니스 상담은 1인 회사의 사무실 분위기와는 관계없이 두 분이 도리어 나를 직원처럼 도와주셔서 부드럽고 진지하게 진행되었다.

"처음 시도하는 고급 제품이어서 조심스럽다"라면서도 테스트 오더를 주는 것이 눈물겹도록 고마웠다. 첫 미팅에서 주문을 받다니….

보우 창업 후 첫 미팅이라는 것을 아시고 용기를 주기 위해 배려했다는 걸 나중에 알았다. 상담 도중에 화장실 간다고 하셔서 화장실로 안내했더니 수세식이 아닌 것에 당황해 하셔서 마침 가까이에 있는 우리 집으로 모시고 가서 해결하는 해프닝도 있었다.

첫 미팅을 마치고 호텔로 가는 차 안에서 시간이 되면 다음 날 한국에 있는 다른 회사 미팅도 함께 다니자고 하여 이틀을 따라다니며 도와 드렸다. 한국에서 모든 상담이 끝나고 영국으로 떠나기 전날 저녁 식사를 하시면서 다른 회사 상담을 함께 하자고 한 것은 이제 시작하는 병아리 사업가인 나에게 보우보다 훨씬 먼저 시작한 경험 많은 회사들 제품들을 보여주고 싶으셨다며, 유럽 시장에서 한국 브랜드 고급 패션 주얼리를 인정받기는 시간이 아주 많이 필요할 것이라고 조언까지 해 주셨다.

머나먼 영국에서 오랜 시간 비행기를 타고 오셔서 소개받은 회사가 겨우 갓 시작한 왕초보 1인 회사 미팅이 얼마나 실망스럽고 소개해 준 코트라에 화가 났겠지만, 전혀 내색도 하지 않고 밝은 표정으로 자기 직원처럼 딸처럼 자상하게 가르쳐주셨다.

영국에 돌아가신 후 테스트 오더 선적 후에도 재오더가 거의 두 달에 한 번씩 오곤 하여 처음 시작한 나에게 커다란 힘과 용기를 주셨다. 이후에도 몬티 부부는 매년 2번 한국에 방문 때마다 사업 초보자인 나에게 상담하는 요령, 가격 내는 방법, 특히 한번 제시한 가격을 번복하는 실수를 줄이기 위해 생신 과정에 복병이 항상 숨어 있음을 고려하여 넉넉한 가격을 제시하라고 조언해 주셨다.

그리고 보우 제품은 한국에서 거래하는 다른 주얼리 업체와는 전혀 중복되지 않으므로 보우에게 5개 다른 회사 제품 품질 검사를 맡기시며 제품의 품질 보는 법과 잘못된 점 찾아내는 방법도 가르쳐 주시고 에이전트 수수료까지 챙겨 주시니 나는 다른 회사 제품 품질도 볼 수가 있고 수익도 생기게 되어 일석이조 보다 더 좋은 기회였고 1인 회사에서 한 명의 직원을 채용할 수 있는 계기가 되었다.

나는 어느새 몬티 부부를 부모같이, 가족같이 의지하며 스승을 대하듯 열심히 배웠다. 자상하신 부부는 매번 한국을 방문하실 때마다 우리 가족 선물을 준비해 오시든가 우리 아이들을 백화점에 데려가 선물을 사 주시곤 하셨다.

유치원 다니는 딸 선정이가 그림 그리기를 좋아하는 것을 아시고는 직접 백화점에 데리고 가셔서 이젤을 사 주셨는데 그것이 선정이에게 첫 이젤이었다. 그 뒤 딸은 자라서 영국에서 대학을 다니며 디자인 공부를 하여 석사 학위를 받았다.

| 1986.11 조선 호텔　　　　　　　　| 보우 첫 카다 로그

항상 한국 방문 때마다 우리 가족 모두를 호텔로 저녁 초대하시곤 하여 우리 두 아이는 "울프 할아버지"라고 불렀다. 나에게 딸처럼 자상하게 비즈니스를 가르쳐 주시고 배려해 주시던 몬티 울프는 나의 비즈니스 사부이자 가족 같은 분이셨다.

**현실의 안락함을 포기할 정도로
간절히 원한다면 누구나
원하는 것을 얻을 수 있다.**

# 첫 유럽 출장

1년 동안 500여 회사에 편지를 보냈지만 별로 반응 오는 회사가 없어서 코트라에 가서 상담 후 1987년 3월 코트라를 통해 첫 유럽 세일즈 출장을 갔다. 런던과 밀라노에 있는 코트라 도움을 받아 미팅할 수 있는 바이어 명단을 받은 후 호텔 예약까지 도움을 받았다. 이탈리아어를 전혀 못하는 나에게 밀라노 무역관에서는 통역하는 사람까지 수배해 주었다.

첫 번째 도착한 영국 런던, 미팅 날 아침에 일어나 뉴스를 보니 100년 만에 폭설로 도시의 모든 교통이 마비되어 호텔 비즈니스 라운지에서 만나기로 한 바이어가 폭설로 교통이 마비되어 갈 수가 없으니 다음으로 미루자고 전화를 하였다. 한국에서 몇 달을 준비하여 20시간을 넘게 비행기 타고 왔는데 다음으로 어찌 미루겠는가? "목마른 사람이 샘 판다"고, 내가 찾아간다고 하니 마지못해 전철역에 마중나갈 테니 오라고 했다. 태어나 처음으로 타 보는 전철, 내 몸무게의 절반인 20kg 샘플 트렁크는 어찌나 무거운지.

말도 안 통하는 영국 런던에서 처음으로 미팅을 위해 바이어가 가르쳐 준 역을 찾아 갔지만, 그 역을 정차하지 않는 노선을 잘못 타서 무거운 가방을 끌고 계단을 오르내리며 이리저리 헤매다가 10시 전철역 약속인데 12시 넘어서야 겨우 도착했다. 바이이는 기다리다가 카페에 가서 차를 한잔 마시고 혹시나 해서 다시 역에 왔단다. 그래도 2시간이나 기다려 준 바이어는 갑작스러운 폭설로 아무도 출근하지 않은 자기 회사 사무실로 안내하며 뜨거운 커피와 쿠키를 나에게 권했다. 무거운 가방과 추위에 떤 나는 꽁꽁 언 몸과 낯선 분위기도 녹일 겸 따뜻한 커피를 마셨는데 빈속에 마신 커피는 조금 지나자 손을 덜덜덜 떨게 하여 상담을 하는 도중에 바이어와 나를 당황하게 했다.

아무리 따뜻한 난로에 가서 주물러도 손은 계속 떨리고 나중엔 턱도 잘 움직이지 않은 것 같아 얼마나 불안한지 화장실에 가서 거울을 보니 입술도 살짝 떨리고 있었다. 첫 해외 출장의 긴 비행시간과 추운 날씨 그리고 너무 긴장한 몸에 카페인이 들어간 탓이었나 보다. 너무 당황스러워 화장실에서 나오는 뜨거운 물에 손을 비벼대기도 했지만, 소용이 없었다.

결국 손이 떨려서 글씨를 쓸 수가 없어 상담 내용을 바이어 보고 적어 달라고 부탁을 하였다. 바이어도 처음 만나는 내가 커피 마시고 손 떠는 모습을 보고는 안타까운 시선으로 바라보았다. 잘 알지도 못하는 코리아 서울에서 너무도 어설픈 병아리 여성 기업인이 미팅을 하겠다고 그 먼 길을 혼자서 무거운 샘플 가방을 들고 폭설 속에 찾아온 것에 감동했다며 친절하게 테스트 오더를 주며 서둘러 상담을 마치고는 가까운 카페로 나를 데려가 따뜻한 수프와 샌드위치를 사 주어 떨리는 몸을 풀 수가 있었다.

그리고 내가 처음 지하철을 탔다는 것을 알고 깜짝 놀라며 전철역에서 표도 사주고 어떤 라인 전철을 타야 런던에 있는 나의 호텔 가까운 역까지 가는지 가르쳐 주면서 내가 제대로 전철을 타는 것까지 확인 후 떠났다.

영국에서의 첫 미팅은 눈물겨웠지만 그를 통해 나는 많은 것을 느끼고 배웠다. 눈보라가 몰아치는 추운 영국에서 무거운 샘플 트렁크를 들고 낯선 외국 전철역을 헤매던 기억은 지금도 가끔 꿈속에서 악몽으로 나타나곤 한다.

다음날 런던 시내 부근에서 만난  바이어는 더 황당하였다. 바람 부는 눈길에 택시를 타고 1시간 40분가량 걸려서 찾아갔는데 가지고 간 샘플을 쓰윽 둘러보더니 "샘플은 좋아 보이는데 우리가 한국 업체와 오랫동안 거래를 해봐서 잘 알지만, 한국에서 이런 품질의 생산은 믿을 수 없다."라며 미팅 시작한지 10분도 안 되어 자리에서 일어나 가버리는 순간, 눈물이 핑 돌았고 맥이 풀리면서 다리 힘이 쭉 빠졌다. 추운 날씨에 이 먼 곳까지 찾아오느라 언 손발이 아직 녹지도 않았고 따뜻한 차 한 모금도 마시지 못했는데….

혼자서 샘플 가방을 싸노라니 어찌나 서러운지, 갑자기 언제나 나를 여왕 마마처럼 대해 주는 남편과 사랑스러운 아이들이 보고 싶어 눈물이 났다. 미팅을 허탕 치고 돌아오는 길에 런던 무역관에 들러 이 회사를 이야기했더니 이 회사는 영국에서 대단히 큰 액세서리 도매상이고 한국회사와 오랫동안 거래가 많아 한국 주얼리 업체 제품 품질에 대해 많이 알고 있는 회사라고 하였다.

그래도 3번째 만난 인도계 바이어는 부부가 회사를 운영하고 있었는데 "코리아와 보우라는 회사는 잘 모르지만 한국 KOTRA가 소개한 업체라 믿는다."라며 부모처럼 아주 친절하게 대해 주시면서 테스트 오더를 주어 그나마 위안을 받았다.

3일간 영국 출장을 마치고 이태리 밀라노 미팅을 위해 공항으로 가는 도중 다시 내린 눈으로 도로 상태가 마비되어 길에서 5시간을 소비하는 바람에 비행기 시간을 놓쳐서 다시 호텔로 돌아오고 말았다. 그다음 날에 겨우 밀라노에 도착하니 마침 세계 가죽 제품 전시회가 열리고 있어서 내가 예약해 놓은 방이 사라져 버렸다.

나는 밀라노 코트라의 도움을 받아 밀라노 시내에서 멀리 떨어진 곳에 조그맣고 아주 오래된 호텔에 겨우 묵게 되었다. 그 호텔 방은 난방도 좋지 않고 히터 소리는 엄청 시끄러워 잠을 잘 수가 없어서 앉아서 밤을 새우다시피 하여 다음날 몸살이 났다. 두통과 몸살을 진통제로 달래며 처음 하는 상담은 한마디로 눈물겨웠다.

대부분 바이어들은 "샘플은 좋다."라고 하면서도 품질을 의심하며 믿지를 않아서 "샘플 오더라도 해보고 생산품이 맘에 들지 않으면 돈을 지급하지 않아도 된다."라고 사정을 해서 겨우 샘플 오더만 받기도 했다.

다음 날은 밀라노 시장 조사만 남았고 감기몸살로 목은 부어올라 말소리도 제대로 나지 않았다. 더 이상 그 춥고 낡은 호텔에서 잠을 잘 수가 없을 것 같아 통역해 주는 아가씨에게 부탁하여 비행기 스케줄을 바꾸어 그날 밤 비행기라도 한국으로 돌아가려고 여행사를 찾아갔다. 비행기 좌석은 완전 매진이었다, 다음날밤에는 자리가 없어서 겨우 그것으로 바꾸고 통역 아가씨와 호텔 걱정을 하며 여행사 직원에게 밀라노에 있는 호텔을 찾아달라고 부탁을 하고 있을 때 옆에서 듣고 있던 한 한국 신사분이 "몸도 많이 좋지 않으신 것 같은데 제가 묵고 있는 호텔이 밀라노 시내에 있으니, 제가 직원이랑 함께 자고 제 방을 드릴 테니 저희 호텔로 가시지요."라고 한다.

처음 보는 사람이 방을 준다는 것이 마음에 내키지 않았지만 어쩔 수 없었다. 그는 한국에서 가죽 공장을 하며 가죽 제품 전시회에 참가 중이라며 명함을 주면서 "외국에 나와서는 서로 도와야 합니다." 라고 했다. 타국에서 이런 친절한 분을 만난 것도 대표님 복이라며 빨리 옮기자는 통역 아가씨의 재촉에 고맙다는 인사를 수없이 하며 통역 아가씨와 짐 가방을 갖고 그 호텔로 갔다.

그 신사는 호텔 방 키를 주고 손님이랑 식사한다며 나갔고 우린 고마움에 감탄을 하며 방에 짐을 풀고 통역 아가씨는 저녁 식사를 한 후 돌아갔다. 밤 12시가 넘어서 막 잠이 들려고 하는데 누군가 문을 두드려 나가보니 그 신사였다. 자기 직원이 전시장에서 이태리 여자를 사귀어 함께 자야 하므로 자기가 잘 곳이 없어서 왔단다.

이 얼마나 황당한 일인가. 밤 12시가 넘었는데 어이가 없었다. 잠깐 기다리라고 하고 옷을 갈아입고는 핸드백만 들고 나오면서 "프런트에 가서 빈방이 있는지 알아보고 오겠노라." 하고 로비로 내려갔다. 물론 방은 없었다.

나는 그날 로비에서 밤을 새워야 했다. 로비에서 계속 뜨거운 차만 마시고 있는 나를 본 호텔 당직자가 나중엔 나를 수상하게 보는 것 같아 상황을 설명했더니 "아마도 그 남자가 의도적으로 그런 것 같다."라며 안타까워했다. 낯선 타국 이태리 밀라노의 어느 호텔 로비에서 감기몸살로 오돌오돌 떨며 긴긴 겨울밤을 따뜻하고 포근한 내집 침대와 우리 아이들의 밝고 사랑스러운 얼굴을 그리며 길고 긴기도로 아침을 기다렸다.

아침이 밝아오자 호텔 직원과 함께 룸으로 가서 짐 가방을 챙겨나와 비행장으로 향했다. 한국에 돌아와서 가족에게도 직원에게도이 사실을 말하지 않았다. 지금도 감기몸살 아픈 몸으로 호텔 로비에서 길고 긴 겨울밤을 새웠던 일은 너무 눈물겹고 아픈 기억으로 남아있지만, 그때 포기하였더라면 지금의 나와 보우가 있었을까?

이태리 밀라노의 첫 출장은 별 성과가 없이 힘들게 고생만 한 것같았지만 훗날 나에게는 아주아주 귀중한 선물을 주었다. 그것은 첫날 밀라노에서 미팅한 바이어였다. 그날 미팅은 바이어 사무실에서했는데 무척 오래된 작은 주택이었다. 내가 가지고 간 샘플을 둘러본바이어는 나를 자기 회사 창고인 지하실로 데리고 갔다. 지하실 창고에는 낡고 오래된 캐비닛이 아주 많이 있었는데 그 캐비닛 속에는 100년, 200년 전 주얼리 디자인들이 있었다.

그는 그곳에서 몇 가지 디자인을 나에게 보여 주면서 "이렇게 만들

수 있느냐?"라고 물었다. 그 회사는 200년 동안 가족 대대로 내려오면서 모든 디자인을 연대별로 보관하고 있었다. 처음 상담할 때에는 첫 미팅이라 얼떨떨하여 그저 200년 된 디자인이라는 것에 놀라기만 하였는데 세월이 지나면서 그 회사의 오래된 역사를 보관하는 모습이 머리에서 사라지지 않았다.

그 후 나는 회사가 자리를 잡아 가면서 그동안 보우가 개발한 모든 디자인 제품들을 보관하는 습관이 되어 연대별로 보관하고 있다. 30년 이상 디자인, 개발한 제품을 보관 하였더니 패션 주얼리 박물관을 해도 될 정도다.

첫 영국과 이태리 출장에서 받은 테스트 주문 제품을 정성을 다해 샘플 보다 더 좋은 품질로 만들어 보냈더니 바이어들의 반응이 조금씩 좋아지면서 작은 주문이지만 지속적으로 주문이 왔다. 이렇게 한 명씩 바이어들에게 품질에 대한 신뢰를 쌓아 가기 시작하니 고정 바이어가 하나씩 생기기 시작하였다. 처음 유럽 출장인 영국과 밀라노 미팅은 코리아라는 나라조차 모르고 있는 점에 커다란 충격을 받았고 그렇게 대단하고 자랑스럽던 한국이 너무도 작게 느껴지고 그동안 우물 안 개구리처럼 산 나 자신도 부끄러웠다.

타국 공항이나 길거리에 SAMSUNG, GUMSUNG(현재 LG),

HYUNDAI, 간판을 보면 눈물 나도록 반가웠고 고마웠다. 외국에 나와 외국 사람과 경쟁을 하면서 나라에 대한 고마움과 애국심이 저절로 생기는 것을 느꼈다. 한국을 알릴 수 있는 유일한 자부심으로 1988년에 올림픽을 개최하는 나라가 서울 코리아라고 당당하게 말할 수 있다는 것이 무척이나 자랑스럽고 고마웠다. 이때부터 나라의 힘이 얼마나 중요한가를 배우고 뼈저리게 느끼기 시작하였다.

자신의 능력을 믿어라.

실패를 두려워하면

도전할 수 없고

도전과 모험이 없이는

탁월한 성과 창출은 불가능하다

실수와 실패로부터 배울 수 있는 사람이

성공도 할 수 있고

훌륭한 리더도 될 수 있다.

| 1987년 3월  첫 밀라노 출장

## Carpe Diem, 이 순간 최선을 다 하자, 즐기자

1987년 초에 혼자 출장을 다니면서 비행기가 밤에 도착하면 공항에서 호텔까지 택시를 타고 가는 동안 혹시 납치라도 당하는 것 같아 무섭고 두려움에 떨며 호텔에 도착할 때까지 마음 졸이며 불안해했다. 낯선 외국 호텔 방에서도 무서워 문을 이중으로 잠가도 안심이 안 되어 방 안에 있는 테이블과 의자를 문에다 갖다 놓기도 하는 등 두렵고 불안해하며 고생을 하던 중 코트라에서 중소 기업인들의 해외 진출을 위해 진행하는 해외 시장 개척단이 있다는 사실을 알고 신청하여 1987년 후반부터는 코트라에서 주관하는 모든 세계 주얼리 전시회와 해외 시장 개척단에도 참가하였다.

1987년 10월, 동남아 싱가포르 인도네시아 말레이시아 해외 시장 개척단에 처음 참가하여 첫 나라인 싱가포르 미팅에서 만난 STEVE는 그 당시 영국 브랜드 GOLD LINK 주얼리를 동남아 6개국 지사를 두고 백화점의 매장을 운영하며 판매하고 있었다. 홍콩에 본사가 있는 회사로 싱가포르 첫 미팅부터 아주 호응이 좋았다.

그 회사는 주로 한국에서 고급 반제품 체인을 수입하고 홍콩에서 도금하여 동남아 백화점 매장에서 고객 맞춤형으로 즉석에서 목걸이나 팔찌를 만들어 팔았다. 거래한 지 1년 만에 보우의 품질과 신용이 인정되고 보우와 새로 개빌한 제품들이 반응이 좋아지자 GOLD LINK의 모든 제품을 반제품이 아닌 완제품으로 보우에서 생산하는 제1의 비즈니스 파트너가 되었다. 보우와 개발한 기획 상품마다 백화점에서 대히트로 성공하여 회사가 날로 커지면서 보우와는 깊은 신뢰와 우정으로 든든한 동반자가 되었다. 그는 지금까지 거래하는 32년이 넘은 가장 오래된 바이어자 친구이다.

인도네시아, 말레시아 가는 곳마다 나라는 다르지만 대부분 회사 대표들이 중국인 화교인 것에 놀랐고 유럽과는 달리 한국 브랜드를 선호하고 한국 제품의 품질을 인정해 주는데 감명을 받았다. 인도네시아 자카르타에서 만난 Madona Group은 인도네시아 전역에 있는 백화점에 매장을 가지고 있는 큰 회사였고 보우 제품에 커다란 관심을 가지며 독점을 요구하면서 함께 즉석에서 거래를 계약하는 쾌거를 낳았다.

▎1987년 첫 동남아 시장 개척단 싱가폴, 인도네시아

 **1988년 6월,**

북유럽 해외 시장 개척단에 참가하면서 벨기에 독일 덴마크 영국 바이어들과 미팅을 하였다. 벨기에서 상담한 바이어는 나처럼 젊은 여성이어서 인상이 깊었다.

처음 시작하는 거래지만 작은 오더라도 주는 것이 얼마나 고맙고 행복한지….

독일 함부르크에서 미팅을 마치고 덴마크를 가는데 함부르크 기차역에서 기차를 탄 채로 배에 승선하는 경험도 하였다.

덴마크 상담이 끝난 후 동화책에서만 보았던 인어 공주 동상을 보니 너무도 신비스러웠다.

북유럽의 대부분 바이어들은 한국에 대해 전혀 알지 못하지만, 한국 정부 산하 코트라가 주선하는 미팅이라 많은 신뢰를 해주어 비즈니스 미팅할 때마다 자부심을 느끼기도 하였다.

▍덴마크 코펜하겐

스위스를 거쳐 이태리 물의 도시, 바다의 도시 베네치아로
갔다. 책에서만 보고 꿈에 그리던 베네치아는 환상적인 물
의 도시였다. 내가 사업을 하기 전 30대 초반에 중국 역사
에 빠져 있을 때 아시아와 유럽까지 정복한 칭기즈칸과 그
의 손자, 원나라를 세운 쿠빌라이 칸에 대해 탐독을 할 때
쿠빌라이 칸을 도와준 베네치아 거상 니콜라 폴로와 마르
코 폴로를 통해 베네치아를 알게 되고 환상적인 모습에 매
료된 적이 있어서 꼭 한번 와보고 싶은 도시였다.

'베니스 상인'의 본거지인 수상 도시인 베네치아는 모든 교
통수단이 물 위에서 이루어졌다. 생선과 소금뿐인 자원으
로 이토록 눈부신 발전을 이루었으니 자원이 없는 한국이
벤치 마켓 해야 한다는 생각이 베네치아에 있는 내내 머릿
속에서 사라지지 않았다. 처음 방문한 베네치아는 모든 교
통수단이 보트인 것이 너무나 신기했다.

무엇보다도 오후에 방문한 무라노 섬에 있는 유리 공예 공

장에서 본 신비스러운 유리 공예와 다양한 컬러는 황홀했다. 이때 유리 공예 공장에서 본 다양하고 신비스러운 컬러는 몇 년 후 내가 세계 최초로 유리에 다이아몬드 컷팅을 개발해서 천연 자연 보석 컬러로 개발하는데 커다란 도움을 주었다. 이때 베네치아 유리 공예 공장에서 다양한 컬러를 보지 못했으면 과연 유리로 보석 컬러를 낼 생각을 할 수가 있었을까? 이 유리 개발로 보우가 세계 유명 브랜드 제품 생산에 성공하는데 크나큰 역할을 한 것이다.

그리스 아테네에 도착했을 땐 때아닌 비가 와서 다음날 호텔에서 하는 비즈니스 미팅에 많은 사람들이 미팅 약속을 취소해서 얼마나 당황했는지….

한국 장마처럼 폭우도 아닌 비 좀 많이 왔다고 하수도가 넘치고 도로가 넘쳐 꼼짝 못 한다고 아테네 TV 뉴스에는 하루 종일 완전 호들갑을 떠는 것이 이해가 안 되었다. 그리스는 비가 자주 오지 않고 와도 많이 오지 않는데 몇십 년 만에 온 장대비에 모두가 난리였다.

그래도 나와 약속한 Helen이라는 바이어는 다행히 빗속을 뚫고 나타나서 첫 거래를 시작하게 되어 함께 갔던 다른 회사 사람들이 무척 부러워하기도 했다. 마지막 날은 내가 그토록 보고 싶었던 그리스 신전을 관람하였다. 2,700년 전에 올림픽을 개최한 나라이고, 고교 시절 한때 4대 성인 중 한 명인 소크라테스에 관한 책을 보다가 소크라테스 제자 플라톤과 플라톤의 제자 아리스토텔레스에게 빠져 철학자 꿈을 꾼 적이 있어서 그리스를 꼭 방문해보고 싶었기에 소원을 이루었다.

그래서 그런지 그리스 신전의 그 웅대함을 보면서 신전 기둥마다 2500년 전의 철학자들의 정신이 숨 쉬고 있는 것 같아 깊은 인상을 받았다. 그리스 문화를 보면서 왜 그리스인들이 논쟁을 좋아하는 게으른 민족이라고 하는지 이해가 가지 않았다. 동양에 노자나 공자의 학설이 전파되고 있을 때 그리스에서는 소크라테스, 플라톤, 아리스토텔레스가 민주 정치와 철학을 논한 것을 보면 비슷한 시대에 동양에선 공자, 서양에선 소크라테스 두 성인이 나온 건 어떤 의미일까?를 생각하며 아테네를 둘러 보았다. 나의 짧은 상식으로는 플라톤이나 아리스토텔레스가 스승인 소크라테스보다 훨씬 훌륭하고 노자가 공자보다 훨씬 더 훌륭하게 생각되는 의문점은 풀어지지 않았는데 세월이 흘러 내 나이 60이 넘으니, 넘어서 聖人과 賢人의 차이라는 점을 알고 이해가 되었다.

▌ 내가 좋아 하는 라파엘로 그림 '아테네 학당'

▌ 베네치아 광장

▌ 그리스 신전

런던 코트라에서 연락이 왔다. 유럽에서도 가장 고급 백화점인 영국 헤롯 Harrods 백화점에서 보우 제품이 품질 테스트에 합격하여 거래하고자 하니 속히 런던으로 오라고 했다. 헤롯 백화점과 미팅 후 수차례 샘플을 보냈는데 소식이 없더니 드디어 좋은 낭보가 멀리 영국에서 날라 오다니 꿈을 꾸고 있는 마음으로 런던으로 갔다.

런던 코트라도 한국 제품이 영국 헤롯 백화점에서 팔리게 되었다고 관장님을 비롯해서 모두 기쁨과 흥분 상태였다. 거래 계약을 하는 날 거래 계약서에는 보우제품을 "Harrods 헤롯이라는 브랜드로 들어와야 한다"라고 명시가 되어 있어서 "왜 보우 브랜드 martelli로는 안되냐"라고 물었더니 세계 갑부들이 몰려와서 쇼핑하는 세계 명품 백화점에 알려지지도 않은 아시아 코리아 브랜드는 헤롯에서 팔 수가 없다고 너무도 단호하게 나왔다.

계속 보우 브랜드를 고집하는 나를 백화점 직원은 아주 이

상한 동물 쳐다보듯이 하더니 도무지 이해가 안 가고 시간
만 낭비했다는 듯이 화를 내며 벌떡 일어나 나갔다. 계약이
무산되자 런던 코트라에서도 우선 거래부터 시작하고 천천
히 보우 자체 브랜드를 관철시키자고 제안을 했으나 난 물
러서지 않았다.

명품백화점과 거래가 된다는 반가움에 20시간을 비행기 타
고 먼 런던까지 갔건만 나의 무모한 고집으로 거래는 성사되
지 않았다. 얼마나 어리석은 일인가. 이때 일단 거래를 시작
했으면 이곳에서 인정을 받아 유럽 커다란 백화점과의 거래
가 쉽게 연결되었을 텐데….

이 사건은 훗날 두고두고 후회했다.

그 이후에도 유럽 여러 나라에서 같은 문제로 비즈니스가 성사
되지 않았고 그럴 때마다 난 아주 이상한 사람으로 취급되었지
만 일단 거래가 되면 "코리아에서도 이런 디자인, 이런 품질이
가능하구나" 하는 소리를 들으며 신뢰를 쌓기 시작하였다.

중동 해외 시장 개척단에 참가했을 때이다. 아랍 에미리트와 요르단을 거쳐 사우디 제다 공항에 도착했을 때 제다 공항 출입국에서 "외국 여성은 부모나 남편 없이 입국할 수가 없습니다. 경제인이라도 안 됩니다. 돌아가셔야 합니다."라고 했다. 15명의 남자 단원들은 통과했는데 여자인 나만 공항에 잡혀서 한국으로 되돌아가야 한단다. 너무도 어처구니없는 일이 벌어진 것이다. 사우디 비자 받을 때 단체로 받아서 모두가 남자가 아니라 여자 한 명이 섞여 있는 것이 발견되지 않았던 것이다. 혼자 잡혀 있는 동안 생각해보니 시장 개척단 마중 나온다는 사우디 제다 무역관 관장님이 영국 런던 무역관에서 뵌 적이 있는 김 관장님인 것이 생각났다. 얼른 입국 담당자에게 가서, "My uncle is waiting for me at the arrival gate, I will bring him here to  guarantee."라고 말하고는, 여권을 맡기고 나가 김 관장님을 모시고 와서 삼촌이라 하고 겨우 입국 허락을 받았다. 호텔에 도착하니 이미 공항에 연락이 되어 차도르가 준비되어 있었고 "절대 차도르 입지 않고 외출을 하지 말라. 사우나탕은 사용하지 마라. 호텔 수영장도 오후 12~16까지만 사용하라."라고 가족 없이 여자 혼자라고 호텔에서도 동물원 원숭이 보듯 하니 이것저것 제한이 많았다.

우리 일행이 떠나는 날 사우디 신문에는 "한국 여성 기업인이 가족의 보호 없이 입국하다."라는 기사가 났다. 아마도 나의 사건 이후 사우디에도 외국 여성 기업인이 가족 보호 없이 입국이 허락된 것 같다.

비즈니스 미팅을 마친 마지막 날, 사우디 국제부장의 초청으로 국제 부장 집에서 만찬을 하는데 사막 한가운데 하얀 성 같은 저택에 엄청 많은 나무가 우거진 커다란 정원이 있는 것에 놀랐고 집 안에 있는 4명의 부인의 화려한 옷과 주얼리 장식이 너무나 인상 깊었다.

중동 여자들이 밖에 외출할 때는 온몸을 감싸고 다니지만, 집안에서는 무척 화려하고 일반인보다 더 화려한 장신구를 한 모습을 보고 중동 시장에 커다란 매력을 느꼈다.

▌ 사우디 제다에서 미팅　　　　▌ 챠도르 입은 모습

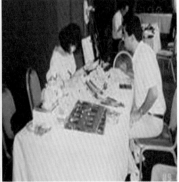

▌ 사우디 제다에서 미팅

❚ 사막에서

❚ 오아시스

# 1990년 9월,

프랑스 파리에서 열리는 주얼리 전시회 Bijorica Fair에 참가하려고 프랑스에 참가 신청서를 냈더니, "아시아 회사는 참가 신청서를 받지 않는다. 한국회사가 무엇을 보여 주려고 하느냐."라며 거절했다. 신청서와 함께 보우 카탈로그도 보냈지만 완강하게 거절하는 것이다. 나는 참을 수가 없어서 프랑스에 있는 한국 대사관과 코트라에 도움을 청했다. 처음엔 전시회 주최측이 "이름도 없는 아시아 국가 브랜드를 참여시키면 전시회 이미지가 실추된다."라며 반대하더니 한국 대사관과 코트라의 끈질긴 노력 끝에 겨우 전시장 부스를 허락받았지만, 사람도 잘 다니지 않는 화장실 입구에 배정을 받았다.

그리고 "절대 전시장에서 물건을 팔지 말라고 으름장까지 놓고 갔다. 국제 시장에서 한국의 위치를 알게 되니 서럽고 눈물겨웠다. 우여곡절 끝에 한쪽 구석에 부스를 배정받았지만, 유럽 여러 바이어들과의 상담으로 유럽 시장에 대해

| 1990년 9월 paris Bijorica Fair

자신감을 갖게 되었고 유럽 바이어들 대부분은 한번 거래
가 성사되어 믿음을 주면 지속적으로 유대 관계를 가지며
서로 신뢰를 쌓아 간다는 것을 알게 되었다. 이때 만난 프
랑스 바이어 Pierre와 포르투갈 Arvind은 매우 인상 깊었
고 오랫동안 거래하는 친구 같은 바이어가 되었다.

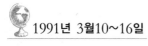

샌프란시스코를 거쳐 마이애미, 뉴욕, 시카고, 캐나다 해외 시장 개척단에 참가하였다. 주얼리 샘플이 너무 많아 샌프란시스코 공항에서 통관하느라 무척 힘들었다. 특히 샘플들이 진짜 보석처럼 보여 패션 주얼리라는 것을 설명하고 해명하느라 많은 시간이 들었다. 뉴욕 무역관에는 1990년 벨기에 무역관에서 뵌 이 관장님이 계셨고 1987년 첫 동남아 해외 세일 단을 인솔했던 S. S KIM이 있어서 얼마나 반가웠는지 모른다. S. S KIM과장님은 저녁에 뉴저지에 있는 자기 집에 초대하여 부인과 딸이 함께 저녁 식사를 했다. 캐나다 토론토에서는 비즈니스 상담이 끝나고 일행이 헬리콥터를 타고 나이가라 폭포를 관광했다.

CANADA K
나이가라
mar. 91

▌ 1991년 3월 캐나다 토론토 무역관과 나이가라 폭포

## 1991년 6월,

구소련 공산당 고르바초프 정권이 무너지기 전, 코트라에서 중소기업인 10여 개 업체와 유고슬라비아 체코 폴란드 러시아로 수출상담회를 갔다. 유고슬라비아를 거쳐 체코 프라하에 있는 구시가 광장에서 르네상스 바로크 고딕, 로코코 등 다양한 양식의 아름다운 건축물을 감상한 후, 그 당시 호텔이 많지 않아 프라하에서 40분 정도 떨어진 시골 산속에 있는 산장 같은 곳에 묵었다. Premier Hotel라는 곳에 짐을 풀고 수돗물을 틀자 뻘건 녹물이 끝없이 나오고 산속이라 방은 추운데 6월이라 히터도 되지 않았다. 일행은 저녁 식사 시간이 많이 남아서 로비 바에서 만나 요기라도 하려고 했으나 보드카 같은 주류는 있는데 안주할 게 마땅한 것이 없어서 어두워지기 전에 일행은 주위를 산책하기로 했다.

끝도 없는 울창한 산림 속은 6월이지만, 무척 쌀쌀하여 나뭇가지를 모아 모닥불을 피웠다. 그곳에 둘러앉아 학창 시

절 캠프하던 것처럼 노래도 하고 재미있는 유머와 농담도
하며 맑은 공기로 여독을 풀었다. 우리는 그토록 호화롭게
번창하던 동유럽에 있는 나라들이 제대로 개방이 되지 않
아 우수한 문화 유적이 많지만, 경제면에서는 한국보다 훨
씬 뒤떨어지고 있는 것에 위안을 받으며 한국에서 자유롭
게 사업 할 수 있는 것에 감사하며 스스로 위안을 했다.

돌아가기 위해 모닥불을 꺼야 하는데 양동이도 없지만, 주
위에 물도 없었다. 내가 물이 없다고 걱정을 하고 있으니
남자들이 나보고 돌아 서 있으라고 했다. 그리고 모두 서
서 불을 끄는 것을 보고 얼마나 우스꽝스럽고 재미있었는
지 지금도 그 장면을 떠올리면 혼자서 웃곤 한다.

그다음엔 몇 시간을 허허 들판을 기차로 달려서 폴란드
POZNAN 전시회에 참석하였다. 전시회장에 도착하자 한
국관 개막식이 준비되어 있어 우리 일행은 개막식에 참여
하여 폴란드 관장님과 내빈과 함께 개막식 테이프를 끊었

다. 전시회장 한국관에는 삼성을 비롯한 대기업 제품들이 전시되어 있는데 오후가 되자 우리나라 한국관에만 사람들이 북적북적 몰려 있었다.

가까이 가서 살펴보니 다른 유럽 국가 회사들은 공짜로 나누어 주는 것이 없는데 유독 한국관에서는 기념품을 관람자에게 나누어주고 있었다. 사회주의 국가에선 모든 생활용품이 귀하고 모자라서 작은 기념품도 인기가 많다고 현지 무역관 직원들이 알려 주었다.

이곳에서 만난 B 회사 JACKOVSKI와는 오랫동안 거래를 하였다. 아직 부분 개방만 하던 폴란드는 관세가 엄청 높아 주문을 먼저 하고 제품이 완성되면 본인이 직접 돈을 가지고 한국에 와서 지불하고 물건은 주로 노르웨이를 거쳐 밀수로 들여가고 있었다. 처음엔 잭코브스키 혼자 오다가 한 명 한 명 늘어나더니 나중엔 20~30명 떼로 와서 남대문과 동대문에서 옷, 액세서리, 스카프 등을 엄청나게 보따리로 사 가기 시작하였다. 그리고 나중에 들으니 200여

명이 아예 전세기를 동원하여 한국을 휩쓸고 다니더니 몇 년 전부터 중국으로 몰려갔다고 한다.

러시아 모스크바에 도착하여 모스크바 대학과 똑같은 건물 양식을 한 우크라이나 호텔에 묵었다. 호텔 외곽은 웅장하고 너무나 멋있었는데 내부 시설 수준은 우리나라 시골 호텔만도 못했다. 밤늦게 도착하니 모두 시장해서 라운지에 바로 갔으나 이 호텔 역시 먹을 게 없었다.

모두 마른안주에 보드카나 와인으로 겨우 허기를 달래고 다음 날 아침 식당으로 갔다. 식당에는 뷔페처럼 되어 있는데 빵과 우유 계란 모두 떨어져도 더 가져다 놓지를 않아 주문해도 없다고 했다. 손님 수량만큼 준비해서 떨어지면 그만이란다. 우리 일행은 양배추와 당근으로 된 샐러드만 한 접시씩 먹고 말았다. 이곳 역시 다른 나라와 같이 도로에는 신호등이 없거나 있는 곳이 드물었다. 그리고 저녁은 동구권을 관활하는 무역관장님이 주최하는 만찬이 북한 사람이 운영하는 한식당에서 있었다. 오랜만에 먹는 한식이라 얼마나 반갑고 북한 사람이 하는 곳이라 모두 호기심도 대단했다. 서빙하는 사람도 모두 북한에서 온 사람들이었고 상다리가 부러지도록 차렸는데 한국의 10분의 1인 싼 가격에 놀랐다.

더욱 놀란 것은 모스크바 공항에서였다. 여권 심사 라인은 완전 만원인데 바로 내 앞 사람 차례가 오자 여권을 뒤적이던 담당 아가씨가 갑자기 눈을 감고 가만히 있어서 눈이 피로해 잠깐 쉬나보다 생각하며 기다리다가 계속 그러고 있으니 그 앞에서 기다리던 사람은 당황하여 어쩔 줄 몰라 하기에 다른 라인을 쳐다보니 모두가 눈을 감고 있는 것이다. 놀란 우리는 옆 러시아인에게 물어보았더니 지금이 쉬는 시간이라 기다려야 한단다. 줄 서 있던 사람들은 모두 자리에 앉아 기다렸다. 사회주의가 민주주의 경제를 따라잡는 데는 많은 시간과 인내가 필요하다는 것을 실감하는 장면이었다.

| 폴란드 박람회 개막

할 수 있다는 믿음을 가지면 처음에는
그런 능력이 없을지라도 노력과 경험이 쌓여
결국에는할 수 있는 능력을 가지게 된다

# 학력(學歷)과 학력(學力)

한국의 자존심으로 시작한 사업, 선진국 사람들은 할 수 있는데 왜 한국인은 안 되나? 똑같은 사람으로 태어나 왜 우린 안 될까? 선진국 사람들이 독식하는 고급 주얼리 시장에 겁 없이 뛰어들어 품질과 신용에 목숨 걸고 열심히 하다 보면 언제 가는 인정을 받을 수 있다는 어리석은 생각 하나로 해외 시장 개척을 한지 6년. 유럽을 중심으로 중동, 아시아, 미국과 캐나다 등을 다니며 25개의 바이어를 유치하는데 성공하였다.

이때 이미 지구를 20바퀴 이상 돈 셈이다. 1년의 반은 해외 출장이고 25개 바이어를 1년에 3~4번 미팅해도 80번 정도 미팅을 해야 하니 하루가 48시간이라도 모자랄 지경이었다.

나는 한국에서, 외국에서 바이어들과 살다시피 하였다. 유럽 시장의 큰 회사들은 거의가 자체 브랜드를 가지고 있어서 한국산 보우 자체 브랜드로 수출하고자 하니 브랜드 없는 작은 회사들만 거래가 성사되었고 바이어들 유치에는 성공하였지만 모두 작은 개미 바이어들이었다.

그래도 신뢰를 바탕으로 열심히 끈질기게 도전한 보람을 느끼기 시작하였다. 한번 시작한 거래를 오래 지속하기 위해 끝없이 새로운 디자인을 보여 주었고 첫째도 둘째도 믿음과 신용을 지키는데 직원들과 함께 혼신의 힘을 다했다. 보우가 거래하는 바이어들에게 점점 신뢰를 받으며 인기가 있자 코트라 본사나 각국 무역관에서도 적극적으로 도와주었다.

1991년 3월경에는 KBS 만화가 강철수가 진행하는 아침 생방송에 40분간 출연하기도 하였다. 결혼으로 경력 단절 8년 여성이 34살에 수출 업계에 뛰어든 스토리가 생방송으로 나갔다. 비록 내가 디자인 공부나 경영, 무역에 관한 공부를 정식으로 하지 않았어도 배우면서 일하고, 일하면서 배운다는 것을 체험하면서 힘들고 어렵지만 자기가 좋아하는 일은 어떠한 어려움도 참고 견디는 자생력이 생긴다는 것을 다시 배웠다.

학력(學歷)은 과거의 일이고 학력(學力)은 현재와 미래를 위한 일이다. 학력(學歷)은 바꾸기도 어렵고 학력(學歷) 있는 사람은 자기도취에 빠져 자기 테두리에서 벗어나길 두려워 도전력이 부족하고 변화와 다름을 인정하지 않으려 한다.

반면, 학력(學力)은 얼마든지 키울 수 있다. 끝없이 변화하고 세계가 하나로 움직이는 지식사회를 살아가는 우리에게 필요한 것은 學歷(학력)이 아니라 學力(학력)인 것이다.

**운은 노력하는 사람을 따라다닌다.**
**두 배로 생각하고 두 배로 노력해야 한다.**

‖ KBS 아침 방송에서 디자인하는 모습을 만화가 강철수가 그린 그림

# 05 빵을 함께 먹는 가족

COM－with함께 PANY－bread빵

25개의 바이어들 관리하느라 하루가 48시간이라도 부족하였던 1991년 11월, 소련 모스크바 백화점에 크리스마스 물건을 선적한 지 며칠 되지 않아 소련 공산당이 붕괴되면서 모스크바 백화점과 연락이 두절되었다. 아직 선적하지 않은 제품도 있는데 도무지 연락할 길이 없었다.

선적한 물건과 재고까지 20만 달러는 보우의 전 재산이었다. 당장 회사 운영 자금에 차질이 생기고 회사 운영이 어렵게 되었다. 혹시 만들어 놓은 제품이라도 다른 바이어에게 팔아 보려고 재고 샘플 가방을 들고 2주간 유럽 여러 나라를 돌아다녔지만, 나는 빈손으로 귀국 비행기에 지친 몸을 실었다.

'보우를 시작한 지 6년. 여기까지가 한계구나! 그래도 낯가림이 심한 내가 이 사업을 2, 3년도 못 할 거라는 주위 사람들 예상보다 오래 한 거지. 그래, 더 이상 버티려고 은행 돈을 사용하면 더 큰 문제가 생길 거야. 은행 대출까지 받아서 운영하기는 무리다. 그동안 외상을 하지 않았으니 빚은 없고, 회사를 정리해서 직원들 퇴직금만 보상하고 난 나의 편안하고 안락한 가정으로 돌아가자. 여행은 아니었지만, 비즈니스로 30개국 정도 다녔으니 소원은 이룬 거야. 그래, 여기서 회사 문을 닫자.'

나는 한국에 도착할 때까지 비행기 안에서 직원들에게 회사 문 닫는 것을 설명할 방법만 생각하였다.

다음 날 아침 굳은 결심으로 사무실에 들어선 난 깜짝 놀랐다. 직원들은 밤새 일하고 남자들은 사무실에서 수출 카톤 박스를 깔고 웅크리고 자고 있었고 여자들은 내 사무실 소파에서 서로 기대어 자는 모습을 본 순간 난 눈물이 왈칵 나왔다.

몰래 문을 열고 나와 화장실에 가서 펑펑 울었다. 그리고 집으로 돌아와 해장국과 밥을 준비해 사무실로 가서 직원들에게 먹게 한 후 아무런 말도 하지 않았다. 며칠째 밤을 새워가며 일해서 선적 날짜를 맞춘다며 기뻐하는 직원들에게 미안하고 죄스러웠다.

회사 직원들을 가족으로 생각하지 않은 것이 너무나 부끄럽고 미안했다. 가장이 가족을 돌보듯이 사장은 직원들을 돌봐야 하는데 회사가 어려워지니 직원들 정리할 생각만 하니! 그들이 실업자가 되든 말든 난 나의 편안한 가정으로 돌아가면 된다는 안일한 생각과 무책임한 이기주의에 가득 찼던 나 자신이 소름 끼치도록 부끄러웠다.

그리고 크리스마스와 연말 내내 앞으로 이 위기를 헤쳐 나갈 방도를 연구하였다.


'그래, 나를 버리자. 자존심을 버리자. 내 브랜드를 버리자. 바이어가 원하는 그들의 브랜드 제품을 만들어 주자. 가족 같은 직원들이 실업자가 될 형편에 내가 무엇을 끌어안고 고통 없이 가려 하는가.'


씨앗이 새싹과 꽃을 피우기 위해 자기 자신을 버려야 하는 아픔을 겪어야 하듯이 리더는 자존심과 명예를 함께 가지기 어렵다는 것을 느끼면서 보우 자체 브랜드로 거래가 안 되었던 큰 바이어들에게 그들의 브랜드 제품을 만들어 준다고 연락을 하기 시작했다.

바이어들에게 보우가 ODM(Original Development Manufacturing) 비즈니스를 시작했다고 연락을 했다. 기업이란 이익을 창출하여야 일자리도 만들고 직원들을 가족같이 돌볼 수도 있고 사회에 공헌할 수 있다는 것을 깨우치기 시작하였다. 명예와 자존심만 생각하여 어설프게 사업했다가는 나 자신은 물론 회사 직원들을 어려움에 처하게 할 수도 있고 집안 망신까지 할지도 모른다.

지금까지 자체 브랜드에 매여 있던 마음을 버리고 새로 시작한다고 생각하니 새로운 각오가 생겼다. "누구나 고난과 실패는 본래 몹쓸 것으로 생각하지만, 고난이나 실패가 사람을 강하게 만든다."라는 말처럼 실패와 고난은 그 안에 해결의 실마리를 품고 있기 때문에 인간은 실패와 장벽의 고통에 강인하게 저항할 때 해결의 실마리를 풀면서 정신적, 육체적으로 성장하게 되어 있다. 당면한 고난과 어려움 또한 신의 선물로 받아들여 나의 문제점을 파괴하고 보우의 장점을 살려 새로이 시작한 나는 어느새 용감한 전투병 같은 용사가 되어 있었다.

미래는 예측하는 것이 아니라 창조하는 것.

오늘의 나를 스스로 파괴하는 사람들이

미래의 주인공이 될 수 있다.

승자는 구름 위의 태양을 보고

패자는 구름 속의 비를 본다.

길을 걷다가 커다란 돌을 보면
약자는 그것을 걸림돌이라고 하고,
강자는 그것을 디딤돌이라고 합니다.

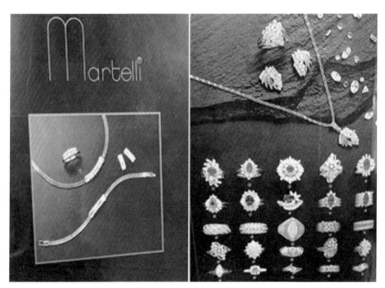

┃ 초기 Martelli brand 카탈로그

# 06

## 믿음이라는 씨앗이
## 피운 신뢰의 꽃

다음 해 1992년 1월 초 첫 미팅은 홍콩에 있는 Tommy라는 바이어였다. 평소와 같이 지난해 비즈니스와 새해 비즈니스에 관해 이야기 하는 도중 나는 소련 공산당 붕괴로 모스크바 백화점과 거래가 무산되어 자금난으로 어려움에 직면해 있다는 이야기를 했고 바이어는 "그래도 절대로 용기를 잃지 말라"라고 하고 돌아갔다.

그가 돌아가고 며칠이 지난 후 은행 담당 직원이 보우 통장에 돈이 들어와 있다고 하여 당황했는데 알고 보니 토미가 $40,000을 보내면서 연락을 했다. "Mrs. 김, 회사가 어렵다고 은행에서 대출을 쓰면 회사가 점점 더 어려워지니 우선 내 돈을 쓰고 매달 조금씩 물건 선적 금액에서 공제하고 돈이 더 필요하면 연락하라"라고 했다. 나는 물론 직원들도 모두 놀라고 감격했다.

4만 불은 우선 회사의 큰 힘이 되었다. 가족도 친척도 아닌 바이어의 깊은 배려와 도움은 나를 더욱 감동하게 했다. 보우의 어려움을 덜어 주기 위해 물건을 주문할 때마다 선급금으로 50%를 미리 보내 주기도 하였다. 이 바이어는 4년 전 오일 쇼크 때 싱가포르와 중동 바이어들에게서 자금 회수가 안 되어 한국에 보우를 비롯하여 4개 다른 회사에 주문한 제품값을 지급 못하여 어려움에 처해 있을 때가 있었다.

다른 네 개 회사들은 모두 보우보다 훨씬 크고 오래된 회사들이었지만 네 회사 모두 거래를 중단하였다. 이제 방금 태어난 병아리 기업인인 나는 바이어가 너무 딱하고 마음이 아파서 제품을 만들어 선적해 주면서 "우선 제품을 보내 줄 테니 팔아서 조금씩 갚으라, 그리고 필요한 제품이 있으면 서슴지 말고 주문하면 더 보내 줄 테니 걱정하지 말고 연락하라. 난 당신을 믿는다."라고 하였다.

토미는 제품을 팔아서 자금이 되는 대로 조금씩 갚으면서 대단히 고마워하였고 무척 성실한 그는 열심히 노력해서 차츰 안정되어 회사를 키워 가고 있었다. 내가 홍콩에 갔을 때는 자기 부모님과 가족 모두를 나에게 소개하며 "가족같이 소중한 친구다."라며 자랑스러워했고 언제나 고마워하는 모습이 보기 좋았지만 이렇게 내가 어려울 때 말없이 도움을 주리라고는 상상도 못했다.

그 뒤에도 이 바이어는 한국 여러 회사에서 제품을 수입하면서 모든 제품은 보우의 품질 검사를 거치게 하고 보우에 수수료를 별도로 지급하여 보우가 어려울 때 아주 커다란 도움을 주었다. 사람이 살면서 믿음이란 흙과 씨앗 같아서 절대로 배신하지 않는다는 것을 다시 깊게 느끼게 되었고 내가 신뢰를 주면 언젠가 나를 진심으로 대해 주고 커다란 믿음으로 돌아온다는 것을 깨달았다.

| 설악산 눈 구경 (Tommy 가족과)　　　　　| 홍콩 전시장에서

내가 배운 가장 큰 교훈은

누군가에게

신뢰를 받을 수 있는 사람이 되는 유일한 방법은

그를 먼저 믿으라는 것이다

언제나 신뢰할 수 있는 친구를 갖는 것은

또 하나의 인생을 갖는 것이다.

나는

지금도 내가 믿고 신뢰한 사람을 의심하거나

걱정하지 않는다.

믿고 신뢰했다가 배신당하는 것은

내 몫이 아니라 배신하는 사람의 몫이다.

배신당하는 사람은 상처를 받지만

배신하는 사람은

더 비참한 상태가 될 것이다

아무도

신뢰하지 않는 자는

누구의 신뢰도 받지 못한다.

# 07

# 간절함을 넘어 절박함으로

보우에서 OEM과 ODM(디자인과 생산은 제조자, 브랜드는 바이어) 방식 거래 편지를 보내자 바로 1월 중순에는 미국에서 1,400개 체인점을 가지고 있는 'CB'라는 회사에서 2월 초 한국 방문 때 미팅을 하자고 연락이 왔다.

그들은 미팅하기 전에 CB가 한국과 아시아 여러 회사에 개발을 의뢰했지만 성공 못 한 제품을 보우에 보내왔다. 미팅 한 달을 앞두고 3달 이상 걸려도 힘들다고 하는 제품을 밤낮으로 공장에 찾아가 지키고 있으면서 연구 개발하여 첫 미팅 때 보여주었더니 상담 팀 모두가 놀라며 너무도 좋아했다.

첫 미팅은 대 성공적이었다. 10대~20대가 주 고객인 이 회사는 저가 제품을 주로 판매하는 회사인데 30~40대를 위한 중급 제품을 시도하려는 시기에 보우가 OEM, ODM 제품도 한다는 소식에 무척 반가워했다. 무엇보다도 오랫 동안 거래한 다른 모든 회사들에는 대금 결제 조건을 물건 선적 후 90일로 하는데 보우에는 내가 제시한 T/T 7 DAYS(물건 선적 후 7일 결제)를 승인하여 파격적인 배려를 해주었고 이 계약을 17년간 유지했다.

그리고 너무도 놀라운 일이 벌어졌다. 대부분의 보우 전 바이어들은 작은 개미 바이어들이어서 스타일 당 주문량이 120개~600개 정도에 불과했는데 CB 주문량은 스타일 당 3,000~30,000개 정도였고 보우가 제시하는 디자인 대부분이 선택되어 주문이 와서 보우 공장은 매일 폭탄같이 쏟아지는 주문량에 모두가 신바람이 나고 혼이 나갈 정도로 바빴다.

새로 시작하는 마음으로 새로운 고객층에 맞는 새로운 디자인 새로운 제품을 개발하여 정직하게 만드는 데 최선을 다하자 보우가 만든 제품이 미국 1,400개 가게에서 불타나게 팔렸다. 이 브랜드는 나중에 미국을 넘어 영국과 유럽으로도 확산되었다.

CB 회사에서 폭탄처럼 쏟아지는 주문량에 보우는 생산 규모가 점점 커져서 주변에 있는 아파트 단지에 많은 주부의 일손으로 운영하는 생산 시스템으로 증강시켰고 아파트 단지 안에 만들어진 조립장은 점점 늘어 인천, 부천 충주까지 확대되면서 1,000여 명의 주부들의 일손이 거대한 조직을 이루어 쏟아지는 주문을 해결하였다.

보우가 개발한 제품마다 불티나게 팔리고 CB도 보우 제품으로 매출이 늘어나자 일속에 빠져 있는 나에게 시카고 CB 본사를 방문해달라고 연락이 왔다. 시카고 공항에 내리자 검은색 양복을 차려입은 멋진 남자가 "Bow Mrs. Kim"이라는 팻말을 들고 서 있었다.

이 멋진 남자는 커다란 검은색 리무진 차로 나를 안내하였다. 처음 타 본 리무진 좌석 옆에는 커다란 실버 볼에 얼음 깊숙이 멋진 크리스털 병에 시원한 물이 콜라와 음료수 캔이 함께 놓여 있었다. 크리스털 컵에 시원한 물을 따라서 한잔 들이켰는데 '어머나!' 물이 아니고 보드카였다. 차마 멋진 차 속에 뱉을 수가 없어서 꿀꺽 삼키고 말았다.

이튿날 CB 본사 미팅에서 또 한 번 놀랐다. 지난 4년 동안 보우는 CB 30개 벤더 중에 디자인, 개발, 납품, 품질의 4가지에서 모두 1위를 하고 있었다. 보우 자체 브랜드를 포기하자 모든 바이어 공략이 수월해서 상담하는 바이어마다 성공을 하게 되니 회사는 날로 커져갔다. "神은 한쪽 문을 닫으면 다른 쪽 문을 열어 두신다."라는 말이 있듯이 보우가 브랜드를 포기하고 명예에 집착을 버리면서 만나는 바이어마다 거래가 성사되어 보우의 제품이 세계 시장에서 날개 달린 듯이 팔려 1995년 6월 보우는 지금 본사 건물인 보우빌딩을 사옥으로 매입하게 되었다.

보우 사옥을 마련하고 바로 보우 장학회를 만들어 보우 직원 자녀 모두에게 1세~25세까지 학비를 지원하고 주택이 없는 사람에게 주택마련 자금으로 1억 원까지 무이자로 무기한 대출도 해주었다. 보우 건물에서 나오는 임대료는 독거노인과 소년 소녀 家長(가장) 학생들, 다문화 자녀들을 지원하기 시작했다.

보우는 1995년 11월 30일 무역의 날에 "통상 산업부 장관상"을 수상하였고, 12월에는 김영삼 대통령으로부터 "수출하는데 애로 사항이 있으면 언제든지 연락하라."라는 격려 편지와 함께 언제나 바로 대통령에게 편지 할 수 있도록 내 고유 번호가 적힌 청와대 봉투를 받기도 했다. 1997년 1월에는 청와대로부터 3월1일부터 12일까지 헝가리 폴란드 터키 이탈리아 등 대통령 유럽 순방에 참여하라는 연락도 받았다.

보우는 창업한 지 10년 만에 한국 주얼리 수출하는 회사 700여개 중에 6위로 진입하게 되었다. 1998년 1월 초 보우는 IMF를 이겨낸 중소기업으로 KBS 2580 특집으로 방송에 출연하기도 했다.

어떠한 상황에서도  포기하지 않는 자에게
세상은 또 다른 기회를 선물로 준다.

# 08

# 미친 여자,
# 돈 독이 오른 여자

보우가 패션 주얼리 수출업계에 새로이 부상하자 보우 바이어를
뺏으려고 한국 여러 회사에서 우리 바이어에게 도전을 하였다. 그중
한 회사는 보우가 거래하는 가장 큰  미국 CB 회사 부근에 지사를
차려 놓고 보우가 만든 전 제품을 중국 공장에서 만들어 30~40% 싼
가격을 가지고 수시로 가서 공약하였다. 처음에는 바이어도 크게 반
응을 하지 않았지만, 워낙 가격 차이가 크게 나고 자주 찾아가 미팅
을 하며 공격적으로 영업을 하자, 보우에도 중국으로 공장을 옮겨서
경쟁력 있는 가격을 달라고 요구하는 것이다. 보우 수출의 70%를 차
지하는 바이어의 요청을 무시할 수가 없었다. 1996년 중국에 반제품

조립 공장을 만들어 가격을 맞춰 주려 하였지만, 여전히 'MADE IN KOREA'를 고집하다 보니 가격 경쟁력에서 뒤지고 있는 것이 눈에 현저히 나타났다.

또다시 '위기를 맞을 수 있다.'는 예감이 들었다. 한국을 떠나지 않고 계속해서 한국에서 제조할 수 있는 방법을 여러모로 생각했다. 한국을 떠나지 않기 위해선 'ODM OEM 방식으로 고품질 브랜드, 명품 브랜드 제품을 만들어 보자.'고 결심한 뒤 세계 유명 브랜드 조사에 착수했다.

나는 영국 헤롯 백화점과 유럽, 미국 고급 백화점에서 가장 인기 있고 파워가 강력한 브랜드가 "M"이라는 걸 알았다. 그리고 타 바이어들이 가장 많이 모방을 원하는 제품도 M 브랜드였다. 지금은 M 브랜드가 금융위기 이후에 중가 브랜드로 전향했지만, 그 당시는 가장 인기가 높고 강한 브랜드 파워를 갖고 있었다. 그리고 직원들을 통해 이 브랜드 회사가 한국에서 반제품과 체인 종류를 수입해 간다는 정보를 입수하였다.

우린 M 브랜드와 거래할 수 있는 방법을 연구하기 시작했다. 나는 M 브랜드 제품을 골고루 사다가 브랜드 배경, 제품 만드는 과정과 품질, 디자인 등을 연구하기 시작하였다. M이라는 브랜드를 알기 위해 M 브랜드의 모태인 모네에 관하여 공부하기로 하고 먼저 프랑스로 가서 화가 모네 생가를 방문하고 모네 그림의 배경, 화풍, 색채감 등을 연구했다.

모네에 관한 책들을 사다가 읽어보니 모네 주변 화가들, 반 고흐, 고갱, 르누아르. 세잔, 드가, 바지유, 마네 같은 화가들에게 관심이 가게 되어 그들의 화풍과 색채감에 점점 매료되었다. 그 화가들을 밤낮없이 연구하면서 많은 걸 배웠다. 이때 평생을 그림에 바친 많은 훌륭한 화가들도 있었지만, 나는 8년이란 짧은 기간이지만 그림에 미쳐 현재의 자신을 버림으로 미래의 자신을 찾는 광기 넘치는 열정으로 그림에 혼신의 정열을 불태웠던 고흐에 빠졌다. 살아생전 사람들의 무관심과 멸시 조롱을 받았고, 미치광이로 취급당해 요양원 생활을 하는 중에도 그림에 매달렸던 고흐. 나는 시간을 초월하는 그의 작품에 매료되어 한동안 고흐의 색채감에 완전히 빠져 있었다.

이때 세계적인 화가들의 색채감에 미쳐서 공부하고 연구한 것이 훗날 콧대 높은 세계 패션 주얼리계 전문가나 거장 디자이너들과 함께 어깨를 나란히 하고 일할 수 있는 자신감을 갖게 하였다.

M 제품을 연구하여 제품을 만든 후 미국 로드아일랜드에 있는 M 브랜드 본사에 편지와 함께 보냈다. 몇 개월이 지나도 아무런 소식이

▮ 내가 사온 Monet 의 수련

없어서 계속해서 보내고 또 보냈지만 아무런 반응도 오지 않았다. 그래서 다음에는 한국에서 모네 반제품 수출하는 회사에서 일하는 개발자와 생산 기술자를 스카우트하여 샘플을 개발해 다시 도전해도 소식이 없었다.

이 무렵 난 유리구슬과 거울을 만드는 글라스(유리)도 커팅이 가능하다는 것을 발견하고 바로 중국 유리 공장에 체크무늬 커팅을 시켜보았더니 성공적으로 나오기 시작했다. 다음 단계로 다이아몬드 커팅까지 성공적으로 잘되었다. 그리고 빨강, 파랑, 초록 등 단색만 나오던 컬러를 창업 초창기 코트라에서 시장 개척단에 참가하여 베네치아에 있는 유리 공예 공장에서 본 다양한 색깔을 접목해서 천연 자연 보석 색이 나오도록 하는데 성공하면서 이 재료로 비싼 크리스털 수입품을 대체하였다.

수입에 의존하던 크리스털 스톤은 기계 커팅이어서 크기와 모양이 한계가 있고 특허품이라 가격도 무척 비쌌지만, 핸드 커팅하는 유리는 다양한 모양과 크기가 가능하고 중국의 싼 인건비로 가격 경쟁에서 유리한 조건을 갖추게 되었다. 이때 내가 개발에만 미쳐 있지 않고 이 글라스 개발을 세계 특허를 내었다면 보우라는 회사는 아마 또 다른 유명 회사가 되었을지도 모른다. 물론 한국이 아닌 중국 공장에서 개발한 것이라서 여러 가지로 힘들고 불가능했을 가능성도 있다.

개발된 글라스 자재를 쓴 제품을 만들어 M 브랜드에 수차례 보냈더니 드디어 한국 방문 때 귀국하기 전 공항 가는 길에 30분 정도 보우에 들르겠다는 소식이 왔다. 우린 흥분된 마음으로 최대한 많은 제품을 보여 주려고 밤낮없이 샘플 개발에 몰두하였다.

그리고 상담하는 날 보우 쇼룸에 도착한 M 브랜드팀은 인사도 건성, 제품 보는 것도 제대로 보지도 않고 옆 눈으로 대충 보는 모습을 바라보는 나는 등에 식은땀이 흐르기 시작했고 다리 힘이 빠져 휘청거려 서 있을 수 없어 테이블에 기대어 겨우 몸을 지탱하여 절망감에 빠져 바라보고 있는데 바이어들이 한 명씩 한명씩 점점 제품에 시선을 멈추더니 고개를 갸우뚱거리며 세심히 보기 시작하였다.

드디어 제품을 하나씩 하나씩 골라서 따로 놓으며 "샘플 주문을 해 보자."라고 의논을 하는 것이다. 그 소리를 듣는 순간 휴~~ 나도 모르게 바르르 떨리는 눈을 감으며 긴 탄성이 나왔다. 작은 기적이 일어난 것이다.

아시아에서 반제품만 수입해 가던 M 회사가 뜻밖에 처음으로 보우에 완제품 샘플 주문을 주었다. 그것도 보우 디자인 그대로 ODM 방식 거래가 성사된 것이다. 우린 감격하고 놀랐지만, 바이어는 별로 큰 기대를 하지 않는 눈치였다. "한번 시도해 보자. 일단 샘플 주문으로 테스트해 보자."라는 반신반의하는 눈치였으나 우리의 유리 자재 개발에는 커다란 관심을 보였다. 유리에 천연 자연 보석 컬러와 다이아몬드 커팅에다 기계 커팅이 아닌 핸드 커팅이어서 사이즈와 모양이 자유자재로 변형할 수 있는 것에 놀란 그들은 두 눈이 휘둥그레지더니 가격에 또다시 놀랐다.

바이어들은 "본사로 돌아가 글라스 자재를 디자인에 접목시켜 보자."라고 하면서 돌아갔다. 그리고 바로 첫 디자인 개발이 왔다. 우린 감격과 새로운 각오로 현재 M 제품보다 더 좋은 품질로,

더 새롭게 더 다양하게 보여 주기 위해 밤낮을 가리지 않고 미친 듯이 연구하고 또 연구하고 만들고 또 만들기를 하다 보니 꿈속에서까지 일에 묻혀 살았다. 토요일, 일요일도 없이 죽기 살기로 매일 일 속에 파묻혀 있는 나에게 부모 형제도 처음엔 걱정하더니 날이 갈수록 점점 더 심해지자 일 중독자, 일에 미친 여자, 신들린 여자, 돈 독이 오른 여자라고 했다.

"책벌레가 돈맛을 보더니 돈독이 오른 것 같다."라고도 했다. 아침 출근해서 새로운 디자인에 몰입하다 보면 일속에 더 깊숙이 빠져 있어서 시간 가는 줄도 모르고 식사도 잊을 때가 많았다. 노력하면 할

수록 무언가 부족하고 무언가 더 좋은 무엇이 있을 것 같았다. 절박한 나의 열망이 채워지지 않고 매일매일 갈증 속에 몰입은 더 심해졌다. 마음이 허전하여 계속 연구하고 디자인하다 보면 제품이 조금씩 더 나아지고 새로운 디자인이 하나씩 만들어질 때마다 기쁨과 희열을 느끼며 배고픔도 잊었다.

직원들이 갖다 놓은 점심이 저녁 12시 넘어 퇴근할 때 보고 치워질 때가 많았다. 가족이 틈틈이 먹으라고 간식을 냉장고에 채워 놓아도 몇 달씩 있다가 쓰레기통으로 버려졌다. '이 정도면 되겠지?'가 아니라 조금 더 나은 조금 더 좋은 것을 찾는 나는 나 자신과 싸우고 있었다. 좀 더 나은 것을 원하는 나의 갈증은 매일 밤 꿈속에서도 일하고 있고 자다가 깨면 다시 불을 켜고 디자인을 했다. 잠자는 시간도 아까웠다. 미용실에 가는 시간이 아까워 머리도 내 손으로 잘랐다. 하루 24시간이 너무도 짧았다.

점점 새로운 디자인에 몰입하다 보니 퇴근 시간이 늦어져서 밤 12시가 넘어서 모범택시로 퇴근하곤 했다. 항상 건강이 좋지 않아 병원을 드나드는 나에게 부모님 걱정이 크셔서 아버님께서 두 번이나 회사로 찾아오셔서 호통을 치셨다.

"너는 동물이 아닌 식물이냐, 동물이면 움직이고 먹고 운동도 해야

지. 도대체 무엇에 미쳐서 매일 회사에서 꼼짝을 하지 않고 식물과 다름없는 이 모양으로 살고 있느냐?"

그러나 누가 무슨 말을 해도 나는 이미 미쳐 있었다. 이러다 죽어도 좋을 만큼 나의 갈망은 끊임없이 도전하고 또 도전으로 이어졌다. 미친 사람에게는 그 사람만의 세상이 있다. 그런 사람은 자신에게만 보이는 것에 매혹되어 그 사람만이 느끼는 성취감에 희열을 느끼느라 시간을 초월해서 살고 무아의 경지 속에 빠져있게 된다. 어쩌다 할 수 없이 경제 단체나 친구 모임에 가면 여성들이 한 귀걸이나 목걸이, 브로치 등을 보고 디자인 스케치를 하거나, 회의 내용은 전혀 관심도 없어 지루하고 시간 낭비 같아 슬그머니 도망 나와 회사로 돌아오곤 하였다.

보우를 시작한 후부터 TV 뉴스나 신문 보는 것을 잊었다. 오로지 주얼리 디자인에 관계되는 것 외에는 관심이 없고 수출만 하다 보니 더욱이 국내 뉴스와 멀어지고 관심조차 없었다. 회사와 집 그리고 해외 출장으로 다람쥐 쳇바퀴 돌듯이 살면서 대화는 직원과 바이어들로 한정되어 있다 보니 한국 사회나 경제에 대해 완전 바보, 무식쟁이가 되었다.

가끔 한국을 방문한 바이어가 나에게 시내 호텔 주변에서 일어나고 있는 데모나 시위대에 관해 물어보면 전혀 그 상황에 대해 알지 못하는 나 자신에 스스로 놀라기도 했다.


아인슈타인은

"나는 똑똑한 것이 아니라

단지 문제를 더 오래 연구했을 뿐이다."라고 하였다.

창조성은 재능이나 머리가 아니라 엉덩이 싸움이다.

세상의 그 어떤 것도

끈기를 대신할 수는 없다는 것을 직접 느꼈다.

재능만으로는 안 된다.

재능이 있지만 성공하지 못한 사람이 세상에 얼마나 많은가.


천재성도 중요하지 않다. 이름값을 못 하는 천재가 수없이 많다. 특히 대한민국은 고학력의 낙오자로 가득하다. '누가 더 똑똑하고 더 기발한가의 문제가 아니라 누가 더 오래 열심히 연구하는가'의 문제이다.

이제 더 이상 갈 데가 없다고 생각할 때 한 발짝 더 가는 것, 이제 더 이상 쥐어짤 게 없다고 생각될 때 한 번 더 고민하는 것, 그것이 더 좋은 아이디어를 탄생시키는 비결이다. 전능의 힘을 가진 것은 끈기와 투지뿐이다.

보우의 개발제품을 받아본 M팀은 바로 한국으로 전화하여 흥분한 어조로 "Mrs. Kim, thank you very much.

You did a good job. Fantastic! Excellent! excellent!"

라는 단어를 수없이 보내며 수많은 칭찬과 감사의 단어들을 전화선을 타고 쏟아 보냈다. 그리고 개발할 디자인을 더 많이 보내왔다. 제품 개발이 끝날 무렵 개발 제품을 직접 보러 한국 보우를 방문한 M팀은 보우 개발팀을 얼싸안고 "원더풀, 원더풀"을 수없이 외치며 자기들의 예상보다도 훨씬 더 좋은 품질에 놀라면서 "너무너무 고맙다."라며 눈물까지 글썽이었다.

그들이 보내준 디자인 외에도 더 많은 디자인과 컬러 샘플을 만들어 놓은 보우의 디자인에도 놀라움과 탄성을 질렀다. 수차례 문을 두드려도 눈길도 주지 않던 세계적인 디자이너들이 보우 품질에 푸욱 빠지기 시작한 것이다. 보우가 만든 제품을 보고 눈물을 글썽이며 보우 팀과 나에게 고마워하던 그때 그 황홀한 순간을 난 지금도 잊지 못한다.

'일에 미친 여자', '돈독이 오른 여자' 가슴에 소나기 같은 눈물이 쏟아졌다. 이보다 더 행복하고 감격스러운 순간이 또 있을까? 콧대 높은 유명 브랜드 주얼리 생산지가 유럽과 미국에서 한국으로 옮겨지는 순간이었다. 다음 해 내가 처음으로 뉴욕 엠파이어 빌딩 안에 있는 모네 쇼룸에 갔을 때 나는 꿈속에 있는 줄 알았다. 넓고 멋진 쇼룸에 진열된 보우 제품들은 박물관을 연상케 하였다. 아름다운 조명 아래 당당하게 자신의 무대를 독차지 하고 있는 보우 제품들이 나를 황홀하고 자신감 넘치게 하였다.

그때까지 디자이너가 따로 없던 보우가 새로운 브랜드가 론칭 될 때마다 디자이너와 개발 담당자들이 팀을 구성하여 일하기 시작했다. 보우 제품에 날개를 달아준 M 제품은 불티나게 팔렸고 전 세계 매장으로 나가는 M 제품의 70% 이상 보우 공장에서 만들었다. M 브랜드가 성공하자 이어서 새로운 브랜드들이 줄을 이어 보우를 찾았다. 점점 더 많은 새로운 브랜드 주얼리 론칭에 성공하면서 하루 몇 시간만 하던 미팅도 5일씩 하게 되었다.

그라스 자제 개발로 원가 절감이 대폭 줄고 한국인의 기술이 인정되어 점점 많은 바이어가 보우로 몰려들자 미국인 회사 한국 지사 책임자가 "이 그라스 개발품을 다른 한국인 주얼리 회사들과 공유하여 이 기회에 세계 패션 주얼리 하이 브랜드 생산을 한국 사람들이 점령하자"라고 제안을 하였다. 당연 보우 지원들과 나는 화가 났고 그 제안을 거절했다. 특히 직원들은 절대로 안 된다고 하였다. 그러나 곰곰이 생각해 보니 중국이라는 나라에서 개발한 자제가 독점하기란 어려울 것 같았고 그 많은 브랜드를 보우가 다 생산하기란 힘들 것 같았다. 무엇보다도 "자신의 등불로 다른 사람의 등에 불을 붙여 주었다고 해서 자신의 불빛이 덜 빛나는 것이 아니다."라고 말한 키케로의 의무론 한 구절이 나의 마음을 바꾸었다. 보우가 개발한 그라스 자제는 엄청난 속도로 확산되었고 이 자제 개발의 활용으로 한국인 주얼리 수출 회사들이 하이 브랜드 생산 진입에 커다란 교두보 역할을 한 셈이다.

그 후 이십 년이 지난 2018년 어느 날,

세계 패션 주얼리 거장 Carmen으로부터 다음과 같은 따뜻한 찬사를 받았다.


" My beautiful Legendary friend!

When I think of Legends, you are the Top of my list

Thank you for raising the Bar for the entire Jewelry Industry. "

대통령상 수상 2001

　　무엇보다도 보우의 개발 능력과 품질 신뢰도가 높아지면서 그동
안 한국 공장에는 눈길도 안 주던 미국, 영국 등 유럽 브랜드들이 줄
줄이 찾아와 보우는 명실상부한 세계 유명 브랜드 주얼리 메이커로
자리 잡게 되었다. 내가 첫 론칭를 'M'이라는 브랜드로 정하여 모네

라는 화가를 연구하면서 모네에 대한 많은 책을 보고 연관된 세계 화가들의 색채감을 공부한 것은 우연이 아닌 탁월한 선택이었음은 새로운 브랜드가 성공할 때마다 실감하게 되었다.

아시아 제품에 눈길도 안 주던 패션 주얼리 하이 브랜드들과 당당하게 함께 일할 수 있었던 것은 많은 화가의 그림을 보고 공부하면서 생긴 자신감이었다. 만약에 다른 브랜드로 시작하였더라면 과연 이러한 기적이 있었을까?

2001년도엔 대통령 표창상을 수여 받았고 매년 무역의 날 김대중 대통령으로부터 격려의 편지도 받았다. 보우는 한국 최초로 주얼리 업계에서 세계 유명 브랜드 완제품 제조 공장을 미국과 유럽에서 한국과 중국으로 옮기는데 선두 주자 역할을 하였고 한국 패션 주얼리 업계 정상에 우뚝 서게 되었다.

**'광기가 없는 위대한 천재는 없다.'**
No great genius without madness.

−아리스토텔레스−

# Best 보다 Better를 추구하다

Best는 곧 멈춤을 의미하지만

Better는 더 나은 것을 향해,

어제보다 좀 더 나은 내일을 향해,

지금 이것보다 더 나은 것을 위해

꾸준히 나아가다 보면

어느 순간 위대함의 경지에

다다를 수 있습니다.


어느덧 보우는 세계 유명 브랜드 주얼리 업계에서 "보우랑 론칭하는 브랜드는 성공한다"라는 이야기가 돌아 바이어들이 새로운 브랜드를 론칭할 때마다 보우를 찾았다. 새로운 브랜드 론칭할 때는 개발도 무척 어렵고 시간도 더 많이 걸리고 노력도 더 많이 해야 하며 투자도 더 많이 해야 한다. 또, 론칭 성공 여부에 따른 커다란 중압감과 불안을 동반하는 두려움과의 싸움도 감당해야 하다.

그러나 밤낮없이 시도하고 연구하는 길고 긴 노력 끝에 새로운 브랜드 탄생을 성공적으로 마쳤을 땐 보람도 성장하고 자신감도 더 강해진다. '이 정도면 되겠지?'가 아니라 조금도 좋게, 조금 더 멋지게, 조금 더 편리하게, 조금 더, 조금 더! Best에 머무르지 않고 Better를 향해 한 번 더 고민하는 자세가 더 중요하다.

보우 직원들도 세계 유명 디자이너들과 어깨를 나란히 하고 함께 호흡을 맞추며 일하는 것을 뿌듯하게 여겼다. 또한 그런 중요한 경험을 바탕으로 삼아 일에 대한 자신감을 갖게 되었다. 무엇보다 보우는 항상 바이어가 주문한 것 외에도 더 많은 디자인을 준비해서 보여주도록 하여 바이어의 요구는 들어주되, 따라만 가는 게 아니라 보우가 바이어를 리드하도록 했다. 더 많은 노력으로 더 많은 것을 보여주는 일은 직원들에게 자신감과 희망을 갖게 하였다.

세계적인 브랜드 제품을 디자인하고 개발하고 생산된 제품이 전 세계 백화점이나 면세점에서 팔리고 있다는 사실에 직원들은 커다란 자부심과 자신감을 얻었다.

괴테는 파우스트에서 "신은 있는 힘을 다해 노력하는 사람을 구원한다. 우리가 진정으로 하겠다는 결단을 내린 순간 그때부터 하늘도 움직이기 시작한다는 것이다."라고 말했다.

나는 그렇듯 불완전성에 굴복하지 않고 끝까지 도전하여 내가 신을 믿는 것보다 더 신이 나를 믿을 수 있을 때까지 끝없는 노력이 필요하다고 나 자신에게 강조했다. 그러한 노력이 있었기에 "보우 팀은 이 세상에서 개발 못 하는 게 없다. 어떠한 어려운 제품도 다 해결하는 기술이 있다."라고 인정을 받았고, 결국 유럽 브랜드, 미국 브랜드들이 하나씩 하나씩 보우 문을 두드리게 되어 2005년에는 30여 개의 브랜드를 유치하여 1,700여 명의 공장이 풀가동해도 힘들 정도로 주문이 몰려들었다.

> "도리불언 桃李不言, 하백성혜 下白成蹊
>
> 복숭아나무와 자두나무는 말이 없지만
>
> 복숭아 자두꽃이 아름답게 피고 싱싱한 열매가
>
> 열리면 그것을 보려고 사람들이 몰려와 저절로 그 밑에 길이 난다."
>
> －시진핑 연설문에서 －

내가 어렸을 때 일이다. 초등학교 들어가기 전, 설 명절이면 큰집에 가곤 하였는데 마을에서 大農家이신 할아버지를 모시고 있는 큰집은 보름 전부터 설 준비를 하여 정월 대보름날까지 손님을 치렀다. 사랑채엔 할아버지 방과 큰아버지 방이 있고 안채에는 할머니가 돌아가시고 안 계셔서 큰어머니가 며느리 셋을 거느리고 왕초 노릇을 하셨다.

큰어머니는 항상 아주 긴 담뱃대를 물고 계셨다. 마을 아이들이 부러워하는 빨간색 골덴 양복을 입은 나는 신바람이 나서 할아버지 방이나 큰아버지 방에 있다가 대문 소리가 나면 뛰어나가 할아버지 손님인지 큰아버지 손님인지 안채로 뛰어가서 알려 주곤 했는데, 할아버지 손님상엔 떡국과 화롯불에 구운 노란 인절미가 조청과 나가고, 큰아버지 손님상엔 떡국과 화롯불에 구운 하얀 떡가래가 조청과 나가던 것을 기억한다.

그리고 할아버지와 큰아버지가 돌아가시고 종손인 사촌 오빠가 재산을 모두 날리고 집안이 어려워지자 명절에 보름씩 치르던 손님도 설날 하루면 끝나는 모습을 보았다.

또한, 우리 집이 미곡상과 기와 벽돌 공장을 할 때는 방학이면 항상 고종사촌 외사촌 언니들 오빠들이 놀러 와서 집안은 매일 북적북적 했다. 우리 집엔 가게를 해서 먹을거리가 항상 풍성했고 무엇보다도 아버님이 아이들이 좋아하는 국화빵 기계를 사다 주셔서 주전자에 밀가루와 소다를 풀어 연탄불 위에 국화빵을 구워 먹는 것이 무척 재미있었다. 또 아버님 팔뚝만한 자장면 빼는 기계도 사다 주셔서 특별한 날에만 먹던 귀한 자장면을 집에서 쉽게 해 먹을 수가 있으니 우리 집은 아이들에게 인기가 많았다. 그러나 아버님 사업이 실패하여 집안이 어려워지자 방학 때가 되어도 누구도 찾아오는 사람이 없었다.

보우도 품질 좋고 디자인과 개발이 뛰어나고 모든 약속을 철저하게 지키면서 신뢰와 믿음이 차곡차곡 쌓이자 세계 유명 브랜드 주얼리 회사들이 보우를 향해 몰려들기 시작하였다. 세계 고급 패션 주얼리 업계에서 '보우' 하면 최고의 신뢰와 믿음이 있는 회사로 부상했다. 보우 공장에서 만들어진 세계적으로 유명한 30여 개의 브랜드 제품들이 전 세계 백화점이나 면세점에서 팔렸다.

세계 어느 나라에 가도 보우가 만든 제품을 고급 쇼핑몰이나 면세점에서 볼 수 있었다. 그리고 보우가 처음 유명 브랜드와 거래를 시작할 때는 거래하는 외국인 회사에 한국인 디자이너가 한 명도 없었는데 어느새 각 나라 브랜드마다 한국인 주얼리 디자이너들이 한 명씩 두 명씩 포진되기 시작하였다. 한국인의 손재주와 도전 정신이 세

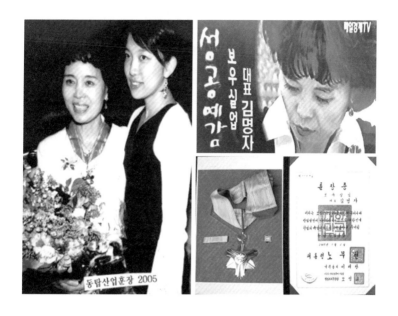

동탑산업훈장 2005

계 주얼리 업계에 차츰차츰 알려지기 시작한 것이다.

2003년 MBN TV에 출연하여 보우의 세계 유명 브랜드 마케팅 도전에 관해서 30분간 이야기했다.

2005년에는 그 당시 여성 경제인에게는 가장 큰 상인 동탑 산업 훈장을 받았다(지금은 금탑 훈장으로 승급). 산업 훈장을 받은 이후에는 난 해마다 각종 언론사나 경제 단체에서 주는 모든 상을 후배에게 주라고 사양하였다.

# 10

# 직원 모두가 사장이다

2000년 어느 날 한국 패션 주얼리 수출업체 중에서 상위권에 계시는 대표님들 10여 분들의 모임에 참석한 적이 있다. 그 모임에 오신 회장들은 모두가 보우보다 10~20년 먼저 시작하셨고 업계의 거장들이었다. 또한, 모두가 남자들이고 연세도 있으셔서 난 꼭 금방 일하다 온 직원 같은 느낌이었다. 그들은 예전부터 가끔 모임을 갖으며 정보를 공유하고 있었는데 어느 날부터 보우라는 회사가 알려지면서 초대되어 갔다.

이런저런 세계 패션 주얼리 현황 이야기 중 한 분이 나에게 이런 질문을 했다. "보우 김 회장은 직원들 교육을 어떻게 시킵니까? 우리 회사 임원들이 회의 때마다 자주 보우 직원들 이야기를 하며 보우 직원들은 모두가 사장이라고 하더이다. 특히 부품 협력업체 사장들이 이구동성으로 보우 직원들은 부품 협력업체 다닐 때도 눈빛이 반짝거리고 하나라도 더 만들려는 열정과 책임감이 어찌나 강한지 직원 모두가 사장 같다고 하는데 그 교육 비결 좀 가르쳐 주고 서로 공유 하시지요." 그러자 모두가 나에게 비결이 뭐냐고 물었다.

사실 나는 보우 직원들을 별도로 교육 시킨 적이 없다. 한 달에 2~3번 해외 출장으로 회사를 많이 비우고 있어 직원들과 이야기할 시간이 없어서 한국에 있을 때 일주일에 하루는 직원 한 명씩 돌아가며 내가 점심을 사주기로 하여 식사를 하며 직원과 대화를 한다. 그 시간을 이용해서 나는 청년 시절에 즐겨 읽었던 '카네기'라는 책에서 카네기가 그 큰 회사에 수많은 인재를 두고 초등 학벌인 회사 정원 청소부로 들어온 임시 직원을 비서로 채용하고 나중엔 사장으로 임명하는 과정에서 무엇보다도 화려한 학력과 명석한 두뇌를 가진 인재들보다 주인의식과 성실함, 겸손함과 배려를 높이 사는 모습을 떠올리며 "자기 월급만큼 일하는 사람은 자기도 모르게 노예의 근성이 자라고, 주인 의식을 갖고 자기가 사장인 양 일하는 사람은 리더의 근성이 자란다. 여러분도 회사의 대표가 될 수 있고 회사의 중책을 맡을 수도 있으니 지금에 만족 하지 말고 여러분의 꿈에 도전하라."라는 말을 자주 해주었다.

보우는 한국 주얼리 업계에서 小(소) 사장을 가장 많이 배출한 회사이기도 하다. 그동안 보우에서 경험이 많은 직원 중에서 8명의 소사장을 만들어 자립을 시켰다. 작든 크든 회사의 주인이 되면 모든 것을 관리, 책임져야 하므로 보우라는 울타리 안에서 일할 때와 확연히 차이가 났다. 보우 회사에 있을 때 잘하던 사람도 CEO가 되었을 땐 소심해져서 자기 역량을 제대로 발휘를 못 하는가 하면 보우에 있을 때 보다 더 열심히 더 잘하는 사람도 있었다.

자립해서 경영하다가 보우로 다시 입사하기를 원하면 다시 보우에 근무할 기회를 주기도 하여 8명 중 3명은 몇 년 동안 회사를 마음껏 운영해 보고 본인이 원해서 다시 보우 직원으로 복귀를 하기도 했다. 회사를 직접 운영해 본 사람은 회사와 CEO의 애로 사항을 몸소 체험해서 회사에 대한 애정이 더 깊고 더 많다는 것도 알게 되었다.

직원들의 주인의식, 주인 정신이 회사의 가장 큰 재산이요 회사 성장의 가장 중추 역할을 하며 개인이 성장하는 길이기도 한 것이다. 그리고 교육보다는 직원에게 비전을 심어주어 도전 정신을 일깨워 주어야 한다. 직원들이 하는 일을 일일이 간섭을 하면 직원들은 간섭하는 만큼만 할 것이기 때문에 책임과 함께 권한도 주었다. 예를 들면 협력업체가 160개가량 되어도 담당자들에게 모든 권한을 주어 담당자가 관리하게 하였다. 160개 협력업체 사장들을 내가 만나지도 않고 사장들 얼굴조차도 거의 모른다.

은행 거래 역시 아무리 많은 지점장이 찾아와도 대표인 나의 의견보다는 은행 담당자의 의견이 더 중요하니 보우 은행 담당자를 만나라고 권한다. 물론 이런 방식에도 장단점이 있었다. 상하 관계가 수평이다 보니 임원들은 불만이 많다. 특히 이런 방법은 밑의 사람의 보고를 자주 받지 못해 윗사람일수록 현장에 자주 가야 하니 간혹 불평을 토로해와도 나는 직급이 높을수록 현장에 자주 가서 상황을 파악해야 한다고 주장하곤 했다.

서울 본사에서 중국 공장에 궁금한 것이 있으면 1단계는 담당 부서장에게 질문하고 부서장이 잘 모르고 있거나 체크해 본다고 하면, 2단계는 부서장의 보고를 기다리지 않고 바로 담당자에게 물어보면 그다음부터 그 부서장은 모든 상황을 파악하고 있게 된다. 새로 신입사원이 보우에 들어와 처음 3달 정도 되면 "보우 직원들은 모두 일에 미친 사람 같다. 사생활도 없는 것 같다"라며 불평하면서 아주 못마땅해 하다가 6개월만 지나면 자기도 똑같이 일하게 된다. 또한 보우가 거래하는 회사는 모두가 세계적인 회사이거나 대규모 회사이기도 했다. 그래서 실수를 한 상대방이나 보우 직원도 자신이 실수한 것을 알아도 자기 실수를 인정하면 직원으로서 회사에 막대한 손실로 누를 끼치게 된다는 우려와 자존심 때문에 잘못을 인정하지 않고 서로 다툴 때가 많다.

이러한 분쟁이 있을 때나 회사에 막대한 손해를 끼치는 직원도 야단치지 않고 항상 보우 직원 편을 들어주고 직원들에게 '다툼에서는 지는 법'을 가르쳤다. 상대방이 실수 한 점을 정확하게 짚어 주되 보우가 재확인하지 않은 점을 더 크게 부각시켜 보우가 모든 책임을 지도록 하면 상대방도 자기의 실수를 알고 있으므로 배려해준 것을 고마워하고 더 신뢰가 깊은 파트너가 되어 함께 일하는 것을 즐거워하며 나중에 다른 회사로 옮기더라도 항상 보우를 다시 찾아와 새로운 거래처가 저절로 생기곤 하였다.

보우 직원도 자신의 실수를 알고 다시는 같은 실수를 하지 않게 된다. 패배자는 지는 것을 두려워하지만 진정한 승자는 같은 실수를 하지 않는 것이다. 자존심을 지키기 위해 결과에 대한 책임을 남에게 미루거나 변명을 하는 것보다는 자신이 한 일에 품위를 지키며 모든 결과에 책임을 지면서 자신을 사랑하고 자신을 존중하는 자존감을 심어 주어야 다시는 실수를 하지 않는다.

인재를 얻어 맡겼으면

의심하지 말고

의심이 있으면

맡기지 말아야 한다

-세종대왕-

# 혁신 기업이란?

# 11

지금도 정부나 기업이 다들 한목소리로 혁신을 외치지만, 2000년
대에도 국가적으로 기업혁신 운동이 한창 전개되고 있을 때 기업혁신
교육을 온다는 연락을 중기원으로부터 받았다. 중소기업에 꼭 필요
한 교육이라는 말에 대단한 교육인 줄 알고 날짜를 잡아 만났다. 아
마 4~5명 정도 연구원과 교수 박사님들께서 오신 걸로 기억난다. 혁
신 교육의 필요성에 대하여 많은 설명을 한 후, 그들의 다양한 질문
에 나는 이렇게 대답했다.

"저는 사람을 좋아하고 그 사람에게 배우는 것을 좋아합니다(愛人
愛學). 제가 1991년도에 회사에 어려움이 닥쳐 회사 운영을 포기하고

문 닫으려 할 때 직원들로부터 직원과 사장은 봉급만 주고받는 관계가 아니라 '빵을 함께 먹는 가족'이라는 것을 배웠습니다. 그리고 회사 대표는 집안의 가장처럼 이익을 창출하여 직원들을 책임져야 한다는 것을 깨닫고 배웠습니다. 그때 직원들로부터 이러한 것을 배우지 않았다면 지금의 보우는 없었을 겁니다. 일 년에 반은 해외 출장으로 회사를 떠나 있지만 단 한 번도 직원들이 일을 태만하거나 책임 다하지 못 할까 걱정을 한 적이 없습니다. 직원들에게 일을 맡겼으면 그 사람을 믿고, 불안해하거나 불신을 하지 않고 권한과 책임까지 모두 주고 간섭을 하지 않습니다. 수출만 하는 우리 회사 자산은 첫째도 둘째도 신뢰입니다. 이 신뢰는 양심 있는 품질과 정확한 약속을 지켜야 하는데 이 또한 직원들과 협력업체의 도움 없이는 절대 불가능하지요. 해외 마케팅하느라 회사를 자주 비우니 모든 일은 직원들 손에 달려 있습니다. 주얼리 품질은 당장 눈으로 확인이 어려워 직원들의 마음에 맡겨야 하므로 자기가 하는 일이 즐겁고 보람을 느끼게 하는 것이 가장 중요하지요. 저는 창업 이래 절대로 협력업체들에 외상을 하지 않고 협력업체들에 현금 지불을 하되 항상 은행으로 보내고 대금 받으러 보우 회사로 오지 못하게 합니다. 보우에 납품한다고 해서 갑과 을의 관계가 아니라는 것이지요. 협력업체가 우리 회사에 납품하는 것이 즐겁거나 행복하지 않으면 좋은 품질을 납품하지 않기 때문에 절대로 외상이나 어음 같은 수표를 발행하지도 않습니다.

또한, 아무리 회사가 어려워도 우리 회사 직원이 협력업체에 외상으로 부품을 받아 오느라 머리를 조아리거나 대금을 제대로 지급을 못해 기가 죽는 일은 절대 하지 않습니다. 좋은 품질의 제품은 훌륭한 직원에게서 나오고 훌륭한 직원은 신뢰받는 회사 생활 속에서 이루어지며 직원 간의 신뢰와 가족 같은 분위기야말로 돈으로 계산할 수 없는 가장 보배로운 자산 가치이기 때문입니다.”

나의 이야기를 한참 듣던 혁신 교육원들은 나에게 회의를 할 수 있게 잠깐 자리를 비워 달라고 하더니 회의를 마친 후 “보우는 이미 혁신적인 방법으로 기업을 운영하고 있어서 더 이상 교육이 필요 없습니다. 혹시 대표님은 국제 경영학을 전공하셨나요? 사업 업종을 보면 디자인을 전공하신 것 같기도 하고, 무엇을 전공하셨는지…?”라고 물었지만, 빙그레 웃기만 하는 나를 쳐다보며 고개를 갸우뚱하며 모두 돌아갔다.

혁신경영이 무엇인지 공부는 하지 않았지만 가장 기본적인 것에 충실하다 보니 직원을 생각하게 됐고, 협력업체를 배려하고 고객의 입장을 생각했을 뿐이다. 경영자는 직원들의 일상적 업무까지 일일이 통제하지 않아야 하며 경영자의 직무는 발전적인 업무체계를 수립하고 유능한 직원을 배치하고 일이 제대로 진행되도록 정확한 방향을 설정하는 것이다.

만일 직원이 최선을 다하게 만들기 위해 경영자가 나서서 관리 감독해야 한다면, 이는 직원을 잘못 뽑았거나 업무체계에 문제가 있는 것이다.

세상에서
가장 어려운 일은
세상을 바꾸는 것이 아니라
나 자신을 바꾸는 것이다.

# 12

# It is a small world

"세상이 좁다"라는 말은 있지만

같은 사람을 그것도 다른 나라에서

여러 번 만난 사람들이 있다.

시작이 좋은 인연이 아닌

끝이 좋은 인연이어야 한다.

시작은 나와 상관없이 시작되었어도

인연을 어떻게 마무리하는가는

모두가

나 자신에 달려있기 때문이다.

# '고르비'

포르투갈 리스본에 있는 NAVLEX 대표 Arvind. 그는 인도 사람으로 부모 형제 온 가족이 포르투갈 리스본에 살면서 아시아에서 수입한 제품을 유럽과 아프리카에 수출하는 무역을 하고 있었으며 보우와는 1990년부터 거래를 시작했다.

1990년 9월 파리 BIJORICA 주얼리 전시회에 우여곡절 끝에 겨우 참가 할 수 있었는데 보우 전시 부스를 찾은 아르빈 일행을 이때 처음 만나 거래가 이루어졌다. 전시장에서 미팅 결과에 만족한 아르빈은 더 많은 제품을 보러 바로 다음 달 한국을 방문했고 러시아의 고르바쵸프를 닮았다 하여 나와 우리 직원들은 그를 "고르비"라고 불렀다.

1992년 1월 이태리 밀라노 CHBICA 주얼리 전시장에서였다. 내가 전시장에서 새로운 디자인을 찾느라 이리저리 둘러보고 있는데 누군가 뒤에서 "Mrs. Kim" 하여 뒤돌아보니 아르빈이었다. 아르빈은 형의 아들 조카와 함께 영국에 갔다가 밀라노 전시장에 들렸단다. 우린 너무나 반가워 함께 전시장을 둘러보며 새로운 디자인에 대해 많은 의견을 나누는 좋은 기회가 되었다. 전시장을 둘러본 후 밀라노에 있는 식당에서 함께 식사하여 혼자 호텔에서 외롭게 있을 나의 저녁 식사가 즐겁고 행복한 시간이 되었다.

다음 날은 함께 밀라노 시장도 조사하고 밀라노 대성당도 둘러보기도 했다.

1992년 3월 코트라 시장개척단과 남유럽 출장 때 포르투갈 리스본을 방문하여 상담을 마친 후 주말엔 아르빈 가족과 함께 'BARKOS'이라는 멋지고 아름다운 해변에서 주말을 보냈는데 아름다운 부인이 맛있는 점심을 준비해 와서 행복하고 즐거운 피크닉이 되었다.

저녁에는 해산물 식당인 멋진 CLARA에서 즐거운 식사를 했다. 함께 주말을 재미있게 보내며 정이 든 그의 아들이 나를 따라 한국에 가겠다고 떼를 쓰던 모습이 기억에 남았다. 그 후 4년간 아르빈은 보우 제품으로 돈을 벌면서 한국과 포르투갈을 오가며 무척 열정적으로 사업을 하여 한국 제품에 매료되어 있었고 회사도 잘되어 1년에 네 번 정도 한국을 방문하기도 했다.

그러나 한창 잘 나가던 아르빈이 다리를 다쳐 형의 아들인 조카가 대신 한국에 출장 오곤 하더니 갑자기 소식이 뚝 끊겼다.

그리고 마지막 만남은 너무도 충격적이었다. 1997년 남아프리카 요하네스버그 박람회에 참가했을 때, 전시회에 참가한 단원들이 매일 호텔식사가 지겹다며 호텔 전시장 부근 중국집 식당으로 가자고 의견이 모여서 우리 일행은 중국 식당으로 갔다. 저녁 식사를 끝내고 막 일어서려는데 누군가 뒤에서 "Mrs Kim" 하고 불렀다.

깜짝 놀라 뒤돌아서 보니 바로 포르투갈 바이어 아르빈이었다. 이게 웬일인가? "고르비!" 난 내 일행이 지켜보는 것도 잊은 채 여러 테이블을 지나 그에게로, 그는 무거운 몸을 다리를 절며 나에게로 왔다. 우린 너무도 감격해서 얼싸안고 한동안 말을 잊었다. 이게 얼마만인가?

지난 3년간 소식이 없다가 아프리카 최남단 요하네스버그의 조그마한 중국 식당에서 만난 것이다. 우린 너무도 반가워 그의 식사가 다 식는 것도, 그의 형이 식사도 잊은 채 우리를 쳐다보고 있는 것도 모르고 풀리는 실타래처럼 끝없이 지난 이야기를 하고 있었다. 어린 시절 죽마고우를 만난 것처럼!

그의 회사는 조카가 개발한 중국산 주방 기구 제품을 대량으로 수입했다가 견본보다 훨씬 낮은 품질의 제품을 받아 자금 회수가 안되어 회사가 많은 어려움을 겪었다. 1996년에 가족과 형 가족 모두 모잠비크로 이사를 왔고, 형과 함께 케이프타운에 수금 왔다가 돌아가는 중 저녁 식사하러 묵고 있는 모텔 옆 중국 식당에 온 것이란다.

그의 형과 함께 내가 묵는 호텔까지 밤길을 걸으며 많은 이야기와 추억을 되새겼다. 아프리카 밤이 깊어 가는 호텔 카페에서 다시 이야기는 끊일 줄 모르고 이어졌으나 다음날 새벽에 떠나야 할 그들과 내일 전시장에서 고생할 나의 일정을 고려하여 아쉬운 작별을 하고 돌아가던 그는 다시 돌아와, "Mrs. Kim, you are still very special and stranger of me. I and my family like you very much. I love you and will miss you forever." 하고는 무겁고 큰 몸집을 천천히 옮기다 몇 번을 뒤돌아보고 섰다가는 어둡고 낯선 아프리카 어둠 속으로 천천히 사라졌다.

| 밀라노 성당 광장에서

**인간의 감정은
누군가를
만날 때와 헤어질 때
가장 순수하고
가장 빛난다.**

## 운명적인 만남

1987년 5월경, 중동에 있는 쿠웨이트 바이어 G회사와 상담 약속이 있어서 워커힐 호텔로 픽업을 갔다. 호텔 로비에서 만난 바이어는 낯이 많이 익은 것 같지만 처음 만나는 중동 바이어라서 그냥 지나쳤다. 회사에서 오전 내내 상담을 끝내고 점심을 먹으면서 바이어도 나를 어디선가 본 것 같다고 했다. 그러나 둘 다 어디서 만났는지 기억을 못 하다가 이야기 도중 바이어가 "워커힐 호텔이 아침에 일어나 산책하는 코스가 좋다"라는 이야기를 듣고 문득 생각이 났다.

4년 전 이 비즈니스를 시작하기 전에는 나는 두 아이를 데리고 자주 워커힐 호텔에 가서 산책을 하였는데 자주 오다 보니 산책 길가 어디에 쑥이 많고 달래가 많은지도 알게 되어 나만의 나물 뜯는 비밀 구역이 있었다.

1984년경 어느 따뜻한 봄날, 그날도 두 아이에게 산책길 벤치에서 책을 보게 하고 나는 비탈길에서 나물을 뜯느라 정신이 없는데 갑자기 딸이 약간 울음 섞인 소리로 "엄마 어디 있어요? 빨리 오세요."라고 불러서 허겁지겁 아이들 있는 곳으로 가보니 키가 작은 중동 남자가 우리 아이들과 같이 있었다. 그는 나를 보자 빙그레 웃으며 인사를 건넸고 내가 대충 알아들은 영어는 아이들이 무척 귀엽다는 이야기와 사업상 서울에 왔는데 오전 미팅이 취소되어 산책 중이라고 했다.

그리고는 시간이 많은지 아예 벤치에 앉으며 잘 알아듣지 못하는 영어로 말을 이어 갔다. 우리 꼬맹이들은 내가 영어를 아주 잘 알아듣는 줄 알고 신기한 눈으로 쳐다보고 있었다. 그리고 헤어지고는 아이들을 데리고 호텔 커피숍에 가서 샌드위치와 커피를 시켜 점심을 먹으려는데 그 중동 아저씨도 식사하러 왔다가 반가워하며 합석을 했다.

식사를 하면서 이 호텔이 전망도 좋고 서비스도 좋으며 산책 코스가 있어서 도심에 있는 호텔보다 편하고 많은 한국 건설회사가 중동에서 일하기 때문에 한국이 중동 사람에게는 친밀감이 있고 믿음이 간다고 했다. 식사하면서 자기 가족 이야기도 하더니 "다음 미팅이 있어서 먼저 간다."라며 우리에게 이야기도 하지 않고 우리 점심까지 계산하고 간 기억이 났다.

세상에 이럴 수가….

너무나 뜻밖이고 놀라워 우리 둘은 반가움에 다시 뜨거운 악수와 포옹을 했다. 그는 "이렇게 비즈니스로 다시 만난 것도 알라신의 뜻이다. 좋은 비즈니스 파트너가 되도록 노력하겠다."라며 다짐을 하면서 너무너무 행복해했다.

그 바이어는 1년에 3~4번 한국을 방문하여 꾸준히 거래를 잘하고 있었는데 1990년 이라크가 쿠웨이트를 침략하는 걸프전이 터지면서 소식이 끊겼다. 난 걱정이 되어 여러 번 전화를 했지만 받지를 않았다. 더 걱정이 되어 여러 번 텔렉스를 보냈더니 어느 날, "Mrs Kim, I am OK. Don't worry. See you soon. Thank you."라고 안부 전화가 한번 온 뒤로 소식이 없어서 여러 번 편지를 띄웠지만 되돌아오고 지금까지 소식이 없다.

중동 사람이지만 마음과 문화가 유럽 사람처럼 열려 있었고 옷차림도 중동 특유의 옷은 입지 않았으며 마음이 따뜻한 그 중동 아저씨는 오랜 기간 잊히지 않았다. 쿠웨이트 순방 때 경제 사절단으로 참가하면서 혹시나 하고 알아보았으나 전혀 소식을 알 길이 없었다.

걸프 전쟁 때 수많은 사람이 희생되었다는 소식이 들려 그를 생각하니 마음이 아팠다.

항상 운이 좋다고 생각하라.
정해진 운명은 없다.
운명은 내가 더 좋게 바꿀 수 있다.

# 장미 꽃

Pierre는 프랑스 바이어다. 1990년 한국 방문 시 코트라를 통해 만났고, 1990년 9월 파리 Bijorica 주얼리 전시회에 참가 때 한국 기업인에게 부스 배정을 거절하여 어려움이 있었을 때 많이 도와준 고마운 바이어다.

1992년 1월 영국 출장을 마치고 밀라노 CHIBICA FAIR 참관하여 전시장을 둘러보느라 다리가 아파서 전시장 카페에 앉아 커피를 마시며 전시장에서 본 디자인도 정리하며 전시 분위기를 적고 있는데 누군가 큰소리로 "Mrs. Kim!" 해서 깜짝 놀라 쳐다보니 삐에르였다. 삐에르는 "It's a small world, It's a small world."를 연거푸 외치며 반가워했다. 전시장에서 오전에 나를 한번 스쳐 지나갔는데, 설마 '한국 보우 Mrs. Kim은 아니겠지?' 하고 그냥 지나쳤다가 자기도 너무 피곤하여 호텔로 가기 전에 카페에서 조금 쉬려고 왔다고 한다.

여기서 이렇게 만날 줄이야. 나도 삐에르도 너무도 반가워 어쩔 줄을 몰랐다. 영국에서 미팅을 마치고 밀라노 주얼리 전시장에 왔다는 나의 말에 "아주 잘 되었다. 보우 샘플이 보고 싶다"라며 바로 상담을 하자고 하여 오후 4시에 호텔 로비에서 만나기로 약속을 하고 헤어졌다. 그날 호텔 비즈니스 라운지 미팅에서 내가 영국 바이어를 위해 가지고 왔던 샘플 대부분을 주문을 받았다.

이 얼마나 우연이고 행복한 일인가! 비즈니스 미팅을 마치자 삐에르는 "밀라노는 내가 더 잘 아는 곳이니까 멋진 저녁을 먹자."라며 신나게 앞장서서 식당을 안내하며 어린아이처럼 기뻐하는 모습은 즐거움을 넘어 행복함이 가득해 보였다. 그리고 1993년 홍콩 컨벤션 센터 옆에 있는 하버뷰 호텔 로비에서 또 우연히 만났다. 삐에르도 나처럼 홍콩 패션 주얼리 전시장을 참관하러 왔다고 했다. 삐에르는 홍콩을 들려 한국에서 3일 후에 보우와 상담 약속이 되어 있었는데, 서울에 갈 필요가 없게 되었다며 무척 기뻐하였다.

다음날 전시장을 함께 다니며 전시된 다른 회사 제품을 보며 응용해서 만들어 달라고 주문까지 하였다. 그날 함께 저녁을 먹고 호텔 방에 돌아온 나는 깜짝 놀랐다. 방안 가득한 장미, 내 주먹보다 크고 싱싱하고 아름다운 빨간 장미 향기가 호텔 방 가득했다. 태어나서 이렇게 크고 싱싱한 장미는 처음 보았다.

전화를 걸어 고맙다는 나의 인사에 "Mrs. Kim을 만나 시간도 절약하고 경비도 절약한 내가 100배는 더 고맙소."라고 했다. 그 만남이 있고 난 뒤에는 홍콩 전시회에 올 때마다 미리 약속을 하고 샘플을 가지고 만나 주문을 받곤 하였다. 프랑스 특유의 친절함과 섬세함을 가진 삐에르는 만날 때마다 프랑스와 유럽의 패션 동향을 자세히 설명해 주고 주얼리에 관한 여러 가지 패션 잡지나 책들을 구입해 가지고 와서 나에게 한 보따리씩 주고 갔다.

삐에르는 보우 상품을 사주는 '갑'인 바이어가 아니라 언제나 나의 비즈니스를 도와주고 즐겁게 해주는 어릴 적 친구같이 신뢰가 가는 고마운 바이어였다.

1998년부터 보우가 세계 글로벌 명품 브랜드 회사들과 새로운 사업을 하면서 그와 소원해졌는데 2018년 10월 유럽 대통령 순방 때 파리에서 다시 만났다. 20년 만에 할머니 할아버지가 되어 만난 것이다. 삐에르는 하얀 머리에 환한 웃음을 가득 안고 노란 장미 한 다발을 나에게 안겨주며 따뜻하고 그리움이 흠뻑 담긴 포옹을 하였다.

밀라노 전시장 카페에서

# 구멍 난 양말

1997년 9월 어느 날 뜻밖의 사람으로부터 전화 연락이 왔다. 마이클은 영국 사람으로 워싱턴에 있는 World Bank(세계은행)에 근무하면서 재개발국가 금융 지원을 맡고 있었다. 그가 한국 정부에 일이 있어서 왔다며 내일 장충동에 있는 타워 호텔 레스토랑에서 저녁을 먹자고 연락이 왔다. 마이클을 만난 건 말레이시아 쿠알라룸푸르에 있는 어느 호텔에서다.

아침 일찍 수영장에서 나 혼자 수영하고 있는데 나이가 많은 남자가 오더니, 수영은 별로 안 하고 나만 자꾸 바라보고 있는 것 같아서 하던 수영을 중단하고 수영장을 나오려고 하자 웃으며 다가와 아주 부드러운 어조로 "수영을 잘한다. 만나서 반갑다."라고 인사를 해서 난 웃으며 목례 인사만 하고 헤어졌다.

그날 상담을 마치고 늦은 밤 귀국 비행기를 타야 하는데 호텔이 만실이라 일찍 체크아웃하고 로비에서 책을 보고 있는데 마이클 역시 그날 떠날 비행기가 늦은 밤이라 로비에서 시간을 보내고 있는 중이었다. 호텔 로비 라운지에서 차를 마시며 이야기 도중 그는 나와 같은 비행기로 서울로 가서 워싱턴행 비행기로 갈아타게 되었다고 했다. 우리는 함께 시간을 보내게 되면서 많은 이야기를 나누었었다.

갑자기 연락을 받은 나는 사실 그날은 원자력 연구소에 계시는 노 박사님과 저녁 식사 선약이 있었지만 멀리 미국에서 오신 분이라서 노 박사님께 양해를 얻고 저녁에 약속 장소로 나갔다. 저녁 식사를 하면서 마이클은 한국 일정을 묻는 나에게 다음 날은 영국에서 함께 공부한 대학 동창인 한국인을 만난다며 그 동창이 원자력 연구소에 원장이라는 말에 내가 혹시 노 박사님이 아니냐고 묻자 깜짝 놀라며 내가 노 박사님과 가까운 것을 안 마이클은 무척 놀라며 "It's a small world!" 하며 우리의 인연이 신기하다며 좋아했다.

마이클이 다녀간 지 얼마 후 한국은 IMF 구제금융 발표를 했다. 나중에 알고 보니 마이클은 한국 IMF 문제로 한국에 온 것이다. 그리고 마이클이 또다시 한국 방문했을 때는 내가 우리 집 가까이에 있는 일식집으로 초대를 하였는데 마침 온돌방이어서 신발을 벗어야 했다,

구두를 벗은 마이클 발을 보고 난 소스라치게 놀랐다. 양쪽 양말에 구멍이 크게 나서 발가락 2개가 쑤욱 고개를 내밀고 있었는데도 마이클은 조금도 당황하거나 부끄러워하지 않는데 내가 어쩔 줄 모르고 당황해하자 "아내는 영국에 있고 난 워싱턴에 있다 보니 떨어진

양말을 깁지를 못했다."라며 빙그레 웃던 모습이 무척 인상 깊었다.

마이클이 다녀가자 얼마 되지 않아 다시 한국엔 IMF 해제 발표가 났지만, 그는 전혀 그런 이야기는 하지 않았다. 그 후 내가 뉴욕이나 샌프란시스코 출장 가면 주말에 달려와 맛있는 것도 사주고 비즈니스에 도움이 되는 이야기도 나누곤 했다. 그가 가끔 소매와 칼라가 다 낡은 셔츠를 입고 나타나도 그의 소탈함을 아는 나는 전혀 놀랍지 않았다. 그는 아시아와 아프리카 출장 땐 꼭 서울을 거쳐 가면서 나에게 시간을 내 주며 세상의 이런저런 이야기를 나누다 가곤 하였다.

어느 해 겨울엔 그가 런던 집에서 휴가를 보낼 때 내가 런던을 방문하게 되어 마이클이 아는 호텔을 싸게 예약도 해주고 공항 픽업도 해주어 호텔 체크인한 후 함께 저녁 식사를 했다. 이른 저녁 식사라서 난 헤롯 백화점에 가서 보우가 만든 제품을 보러 백화점으로 갔고 마이클은 집으로 갔다. 백화점을 다 둘러보고 호텔로 가려고 하니 호텔 이름이 생각이 나질 않았다.

호텔 예약을 마이클이 해주었고 공항에서 호텔까지 마이클이 데려다주어 잊고 있었다. 밖은 이미 어두워졌고 바람이 불고 눈은 펄펄 내리는데 호텔 위치도 호텔 이름도 기억이 나질 않았다. 너무도 황당하여 눈앞이 깜깜했다. 호텔 방 키를 프런트에 맡기고 호텔 주소와 마이클 전화번호가 있는 파일도 호텔 방에 두고 나온 것이다.

아무리 생각을 더듬어 보아도 당황한 나의 머릿속은 아무런 기억이 나지 않았다. 이런 실수를 하다니….

택시를 기다리는 동안 겨우 생각해 낸 것이 00 대학을 지나간 것이었다. 택시를 타고 그 대학까지 가서 밤늦도록 추위에 떨며 호텔을 찾던 기억은 잊을 수가 없다.

마이클은 세계은행을 퇴직한 후 가끔 아내와 여행하고 있다는 소식을 엽서로 보내온다.

# 깨어진 잔

1992. 7월 코트라에서 "인터콘티넨탈 호텔에 영국에서 아주 큰 바이어가 와 있으니 가서 상담하라. 이미 이 회사는 한국 여러 업체와 거래를 하고 있으나 찾고 있는 제품을 못 찾아 보우에 추가 미팅을 요청한다."라고 연락을 해왔다. 인도계 영국 사람으로 영국에서 영국과 아프리카 상대로 주얼리 도매상을 하고 한국에서 이미 큰 회사들에 인기가 많다고 했다.

바이어가 찾는 제품과 비슷한 것을 몇 개 가지고 그랜드 인터콘티넨탈 호텔로 갔다. 너무도 놀라운 것은 1987년 내가 처음 런던 해외 출장 갔을 때 추운 눈길에 택시를 타고 1시간 40분 동안 찾아갔는데 미팅한 지 10분도 안되어 일어나 가버린 그때 그 회사 그 사장이었다. 나는 그 사장을 알아보았지만 그분은 보우라는 회사와 나를 알아볼 리가 없었다.

미팅하는 동안에도 나는 아는 내색을 하지 않았다. 그는 내가 가지고 간 제품들이 그 회사가 찾는 제품이라 너무너무 좋아하면서 "한국에 이렇게 좋은 품질의 회사가 있었는지 몰랐다. 앞으로 서로 도우며 잘해 보자 기대가 크다."라며 크게 칭찬을 했다.

4년 전 내가 런던으로 찾아갔을 땐 눈길 한번 안 주고 냉랭하게 일어서서 나가 버려 내게 얼마나 큰 실망과 참담한 상처를 주었던 그때의 태도가 아니었다. 미팅은 아주 잘 되어 바로 즉석에서 주문을 받았다. 그리고 영국으로 돌아가기 바로 전 미팅이라 아쉽다며 보우가 자신하는 오픈 샘플을 많이 보내 달라고 하였다. 주기적으로 샘플을 보내 주어 주문은 계속 이어지던 어느 날 "이 주문은 특별히 생산 납기를 최대한 빨리해주기 바란다."라는 메시지와 함께 주문장이 왔다.

우린 며칠씩 야근까지 해가며 생산을 해서 그들이 원하는 선적 날짜보다 하루 먼저 선적을 한 후 아주 자랑스럽고 으쓱한 기분으로 선적 스케줄을 보내 주었더니 "당신, 왜 우리에게 선적한다는 통보도 안 하고 벌써 선적을 했느냐? 우린 비행기가 아니라 배로 바꾸려고 했었다. 그러니 배로 선적할 때와 비행기로 선적한 비용의 차액만큼 디스카운하겠다."라고 했다.

분명 오더 장에는 BY AIR라 표시되었건만 우리는 보우가 선적하겠다는 통보를 미리 하지 않은 점도 책임이 있다는 것을 인정해서 디스카운트를 쾌히 승낙을 했다. 하지만 나중에 디스카운트 명세서를 받아 보고 얼마나 놀라고 황당한지! 명세서에는 배와 비행기 요금 차이 금액만 할인한 것이 아니라 당연히 자기들이 지급해야 하는 일반적인 트래킹 비용과 잡다한 다른 비용까지 모두 우리가 지급하는 것으로 되어 있었다.

화가 머리까지 치솟았다. 너무도 터무니없고 비상식적이었다. 이 회사와 거래하는 다른 한국 회사에 알아보니 아주 횡포가 심하지만, 거래가 크다보니 참는다고 했다. 하지만 난 참을 수가 없었다. "오케이, 너희가 요구하는 비용 모두를 승인한다. 하지만 더 이상 너희와 거래를 원치 않으며 현재 주문되어 있는 것 모두 취소다."라고 보냈더니 그쪽에서 난리가 났다.

주문한 것은 선적해 주어야 한다고 처음엔 협박조로 나오더니 나중엔 디스카운트 비용과 모든 비용을 취소할 테니 이번 오더는 꼭 선적해달라고 했다. 나는 "보우는 더 이상 당신 회사를 믿지 못하며 거래하고 싶은 의욕이 없고 더 이상 이렇게 치사한 거래는 하고 싶지 않다."라고 통지를 했더니 런던에 있는 코트라에 항의하여 코드라에서도 나에게 영국에서 주얼리로는 커다란 회사니 이번엔 보우가 양보하라고 만류했다.

하지만 나는 회사가 크다고 '갑'질 하는 것은 싫다고 했다. 나는 단호하게 거래를 끊었다. 더 이상 미련이 없었다. 그 뒤 몇 년이 지난 어느 날 런던에서 한국으로 오는 비행기 안에서 우연히 그를 또 만났으나 모른 척했다.

깨어진 잔을 붙이는 것 보다
새로운 잔을 만드는 것이 훨씬 낫다.

# 원수는 외나무다리에서

어느 날 중국 청도에서 한국으로 오는 비행기 안에서 우연히 만난 사람이 있다. 그것도 바로 옆자리에서! 중국 청도 공항이 한창 증축할 때다. 비행기 탑승 게이트가 없이 버스를 타고 가서 탑승을 하곤 하였는데, 대한항공 백만 마일이 넘은 나는 버스를 타지 않고 비행기 출발 바로 전까지 일등석 라운지에서 있으면 공항 지점장님이 승용차로 비행기 탑승장까지 데려다주시곤 했다. 그날도 비행기가 곧 출발할 시간이 되어 탑승을 하고 내 자리를 찾아갔는데 옆자리 남자가 고개를 창가로 돌리고 있다가 내가 앉으려하니 고개를 돌리며 얼굴이 뻘겋게 되어 땀을 줄줄 흘리며 어설프게 인사를 하는 것이다.

"아이구, 김 회장님 안녕하십니까. 건강하시지요? 제가 그때 너무 어렵고 사정이 좋지 않았습니다. 여러 가지로 말 못 할 사정이 있었습니다. 죄송합니다. 정말 죄송합니다." 한국 IMF 때 이 회사에 보우가 수출한 대금 중 상당한 금액의 미수금이 남았는데 계속 지급하지 않고 소식이 없어서 여러 번 편지를 보내다가 미수금 받으러 내가 미국 LA까지 찾아갔는데도 "나 죽여줍쇼. 식으로 도저히 갚을 의도가 없음을 알고 돌아온 적이 있고 그 이후에도 여러 번 독촉을 했지만 소식이 없었다가 비행기 바로 옆자리에 나타난 것이다.

"원수는 외나무다리에서 만난다."라는 우리나라 속담 같이 이러 저러한 이유를 계속 대며 땀을 뻘뻘 흘리는 모습이 도저히 볼 수가 없고 인생이 불쌍하게 여겨지기도 하고 나 역시 너무 불편하여 이러다 비행기 안에서 무슨 사고라도 날 것 같아 기내 사무장에게 "옆 사람이 이상한 병이 있는 것 같으니 자리를 옮겨 달라."라고 하여 내가 자리를 피해 주었다.

그 이후에도 그 재미교포는 미수금을 갚지 않았다.

# 코트라맨

나의 비즈니스에서 코트라맨들의 이야기는 빼놓을 수 없는 이야기다.

2013년 어느 날 코트라에서 "정상 외교경제활동포털 자문회의에 참석하라."라는 통지를 받고 20년 만에 코트라에 가는 나는 감회가 새로웠다. 1985년 사업을 시작하여 10년을 내 집 다니듯이 세계 무역관을 다니며 도움을 받았던 때가 영화 스크린처럼 지나갔다. 그리고 회의장 문 앞에서 깜짝 놀랐다. 1987년 보우가 처음 해외시장 개척단에 참가했을 때 인솔자였던 분이 멋진 본부장님이 되어 하얀 머리로 밝게 웃으며 맞이해 주셔서 얼마나 감격스럽고 가슴이 뭉클한지….

무엇보다도 김 본부장님이 뉴욕 무역관에 근무하고 계실 때 1991년 3월 뉴욕 출장을 가서 만났는데, 뉴저지에 있는 집으로 저녁 초대를 받아 그 댁에서 먹었던 고추장 멸치볶음은 오랜 기간 동안 집 떠나 출장 중인 나에게는 어찌나 꿀맛이었는지 지금도 그 고추장 멸치볶음 생각하면 군침이 돈다.

30년 전 내가 찾아다니며 도움을 받던 무역관 관장님, 직원들은 거의 은퇴하시거나 본부장이 되어 은퇴를 앞두고 계신단다. 세계 주요 도시 있는 코트라 무역관 70여 개 지점들을 찾아다니며 해외 시장

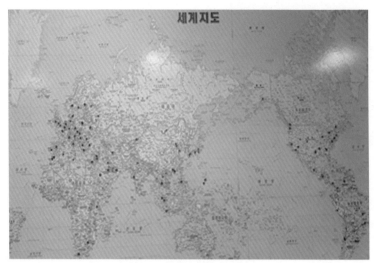

바이어들의 미팅 도움을 받은 나는 대한민국에서 가장 많은 코트라 무역관을 방문 했고, 가장 많은 도움을 받았고 ,가장 많은 스토리가 있고, 가장 많은 코트라맨을 만난 사람일지도 모른다.

영국 런던에서 만났던 J. H. Kim을 사우디 제다 또는 말레이시아 쿠알라룸푸르에서 만난 것처럼 이태리 밀라노에서 뵌 분을 남미 아르헨티나나 브라질 무역관에서, 싱가포르에서 뵌 분을 러시아 모스코바에서 뵙는 등 수많은 코트라맨들을 다른 나라에서 여러 차례 만날 때마다 'It's a small world!'를 외칠 때가 많았다. 그들의 노고에 깊은 감사를 드린다.

# 가장 강한 사람

# 13

강한 사람은

힘이 센 사람도 아니고,

지위가 높은 사람도 아니며

엄청난 부를 소유하거나

학력이 높은 사람도 아닌

도와주는 사람이 많은 사람이다

아무리 힘센 사람도

권력이 강한 사람도

도와주는 사람이 많은 사람을

이기지 못한다.

# 와인 같은 친구

나에게는 아주 특별한 친구이자 가장 오래된 바이어인 Steve가 있다. 스티브는 세계에서 하나밖에 없는 차를 직접 본인이 디자인해서 미국 회사에 별도로 주문 제작한 특이한 차를 타고 다닌다. 스티브를 처음 만난 1987년 다음 해인가 내가 홍콩 방문 때에 세계에서 하나 밖에 없는 멋진 레이스카를 타고 공항에 마중 나와 나를 깜짝 놀라게 만들었다. 요즈음엔 메뚜기처럼 생긴 차를 제작하여 타고 다닌다.

1987년 가을쯤 싱가포르에서 처음 만난 이 친구는 영국계 뉴질랜드 사람으로 그 당시 홍콩에 본사를 두고 'Gold Link'라는 고급 영국 주얼리 브랜드를 가지고 홍콩, 싱가포르, 중국, 필리핀, 말레이시아, 태국에 지사를 두고 백화점에서 소매를 하고 있었다. 스티브를 만난 지 1년 만에 Gold Link의 모든 제품 생산을 보우에 맡겼다. 1년에 3번 정도 한국에서 미팅할 때마다 6개국에서 국적이 다른 지사장들이 모여 보우 한국 사무실에서 하루 종일 새로운 디자인을 상담하고 의논해도 그들의 이어지는 농담과 우스꽝스러운 이야기로, 너무도 화기애애하게 미팅을 이끌어서 전혀 비즈니스 미팅이라고 느껴지지 않게 한다. 그들과의 미팅은 아주 재미있고 편안해서 내가 가장 사랑하는 미팅이다.

무엇보다도 스티브와 비즈니스 한 지 1년 후엔 미팅 때마다 가격을 나에게 물어본 적도 없었다. 항상 미팅 할 때는 디자인과 스타일만 정하고 내가 가격 리스트를 팩스나 이메일로 보내 주면 99.9% 오케이다. 단 한 번도 내가 제시한 가격에 이의를 단 적이 없다. 나를 신뢰하고 믿는 스티브 팀에게 나의 보답은 언제나 정직한 가격에 품질 신용을 지켜 주는 것으로 최선을 다하고자 노력했다.

지난 30년간 단 한 번도 가격으로 문제가 된 적이 없다. 나를 믿어주는 스티브 팀 모두에게 가슴 찡하도록 고마운 일이다. 각 나라 지사장들과 스티브, 나, Bernie 등 9명이 가끔 태국이나 필리핀으로 함께 휴가도 가곤 하였는데 휴가 내내 가족같이, 죽마고우같이 마음으로 소통하며 재미있게 보내며 힐링을 하기도 하였다. 홍콩이 영국에서 중국으로 반환되기 직전 보우가 홍콩 주얼리 전시회에 참가할 때 전 직원들이 전시회장에 찾아와 도와주고 축하해 주고 매일 돌아가면서 식사를 챙겨주는 가슴 뭉클하고 끈끈한 정에 비즈니스를 떠나 가족 같은 깊은 정을 느끼게 하였다.

1996년 어느 날 스티브는 영국 친구 David Barrow와 미국 친구 Darryl Cohen과 함께 한국에 나를 찾아왔다. 영국 친구 데이비드가 새로운 헤어 액세서리를 개발할 사람을 찾자 스티브는 내가 적격자라면서 직접 서울로 데리고 왔다. 그것이 보우에서 개발되면 데이비드는 영국에서, 대럴은 미국에서, 스티브는 동남아에서 팔기로 했다.

처음 개발은 어려웠지만, 성공적으로 개발한 이 제품은 처음부터 불티나게 팔렸다. 하루에 20,000개를 선적해야 하는데 밤낮으로 공장을 돌려 처음 몇 달은 일주일에 30,000개씩 선적을 하다가 나중엔 숙달이 되어서 일주일에 100,000개씩 선적하면서 2년 만에 10,000,000개를 수출하였다. 가장 짧은 기간에 가장 많은 수량을 수출한 그때는 팀워크가 얼마나 중요한지를 배웠고 또한 서로 믿고 신뢰했기 때문에 이러한 훌륭한 결과가 나온다는 것을 깨닫게 해 주었다.

미국의 대럴은 이 제품으로 홈쇼핑에서 대박을 나면서 600만 개 이상 팔아 이때 갑부가 되어 샌프란시스코 해변에 저택과 보트를 산 후 회사를 정리하고 잠적했다고 한다. 스티브는 그 뒤에도 미국 친구 GEFF을 보우에 소개하여 오랜 기간 거래하였고 제프 역시 그의 친구를 또 보우에 소개하였다. 이토록 스티브는 나의 비즈니스를 가족같이 도와주었다.

그러나 스티브도 한때 아주 어려운 상황이 있었다. 보우에서 수입한 제품에 대한 금액 50만 불 정도를 결제를 못 해서 5년간 나누어 결제를 해준 적이 있는데 나는 단 한 번도 그에게 결제를 재촉하거나 주문을 미룬 적이 없이 기다려 주었고 정직하고 성실한 스티브는 무난히 전액을 지불하고 그 뒤 회사가 점점 확장되어 지금은 크고 튼튼한 회사가 되었다. 스티브는 나에게 오래된 와인 같은 오랜 친구이자 동반자이다.

좋은 사람들이 서로 믿고 신뢰하며 서로 도우며
서로 좋은 사람들을 만나게 해 주는 것은
참으로 커다란 축복이다.
풍요 속에서는
친구들이 나를 알고
역경 속에서는
내가 친구를 알게 된다.

▌ STEVE 와 RICHARD

▌ STEVE CAR

# 신뢰와 믿음

1985년 내가 처음 무역을 시작했을 때 외환 은행에 거래하면서 수출 물건을 선적한 후 무역 서류 만드는 방법을 은행에 가서 배울 때다. 그때만 해도 은행 문턱이 꽤나 높은 때라 은행 직원은 보우가 아주 성가신 고객이라는 걸 은행에 갈 때마다 느끼게 만들었다. 그래서 바로 옆 건물에 있는 조흥은행으로 옮겼지만, 여전히 은행 거래는 수월하지 않았다.

그러던 어느 날 한국 최초 여자 지점장이 조흥은행(현 신한은행) 잠실지점에 오셨다며 지인 소개로 보우의 작은 사무실에 오셨다. 여자 지점장이라는 점도 놀랐지만 내가 병아리 수출업자라는 것을 말씀드렸더니 "수출하는데 어려운 점이 있으면 수출 담당자에게 이야기해 놓을 테니 어려워 말고 바로 옆 건물이니 언제든지 와서 배우라."라고 했다. 지점장님의 배려로 보우 직원은 수월하게 무역 업무를 잘 배워 조흥은행에 늘 고마워했다.

그 후 보우는 스와로브스키 한국 지점을 통해 쥬월리 원자재인 크리스털 스톤을 수입해 사용하고 있었다. 보우가 수입에만 의존하던 줄난(rhinestone cup chain)을 한국 최초로 자동으로 개발하여 원자재

원가 절감이 대폭 줄자 스와로브스키 줄난으로 만든 제품이 불티나게 수출이 되었다. 보우가 사용하는 스와로브스키 스톤 양이 점점 늘어나고 그동안 신용이 쌓여 오스트리아 본사에서 보우는 한국 지점을 통하지 않고 바로 직접 수입 거래를 하도록 허락을 해 주었다.

처음엔 한 달에 한 번 정도 수입했으나 점점 물량이 늘어나고 결제도 꼬박꼬박 잘해 신용이 커지자 수입할 때마다 수입 대금 결제하던 것을 한 달씩 모아서 다음 달 첫 주에 결제하도록 대단한 특혜를 보우에 주었다. 스와로브스키 본사의 특별한 혜택을 받던 중 1997년 IMF 외환위기가 터졌다. 갑자기 달러 환율이 치솟더니 매일 오르기 시작했다. IMF를 처음 맞는 우리는 며칠이면 다시 회복하는 줄 알고 스와로브스키 본사에 대금 결제를 미루어 줄 것을 요구했고 본사에서도 흔쾌히 승낙하고 기다려 주었다.

그러나 환율은 계속 올라가고 내려 올 줄을 몰랐다. 그래도 한번 믿어준 오스트리아 본사는 아무런 문제 제기 없이 기다려 주었고 계속해서 주문도 받아 주었다. 그러나 문제는 엉뚱한 곳에서 났다. 6개월 이상 밀린 대금은 대단히 큰 금액이 되었고 한국은행 외환 관리국에서 색안경을 끼고 조사에 들어간 것이다. "보우가 수출 대금을 외국에 빼돌려 수입 대금을 타국에서 결제를 하고 있지나 않나?"를 조사하기 시작했다. "세계적인 회사가 한국의 조그마한 중소기업에 이 토록 큰 대금 결세를 아무런 담보도 없이 미루어 줄 수가 없다."라는 것이다. 그동안 오고 간 전신 내용을 근거로 보우 조사에서 아무것도 나오지 않자 보우 거래 은행들을 집중적으로 감사에 들어가 괴롭히고 있다는 소식이 들렸다.

조흥은행을 조사하다 보면 상대방 은행에도 연락이 갈 거고 그러면 획기적인 편의를 봐주고 있는 오스트리아 스와로브스키 본사에게도 연락이 가게 되면 얼마나 난처한 일인가. 며칠 고민 끝에 아침 출근길로 한국은행 본점 외환 담당 책임자를 찾아갔다. "IMF로 환율이 너무 올라서 제가 스와로브스키 본사에 부탁을 해서 결제를 미루어 준 것인데 도대체 무엇이 문제입니까? 한국은행 같으면 보우처럼 작은 기업에 담보도 없이 신용으로 이처럼 거액의 돈을 연기해 줄 수가 있나요? 도대체 무슨 근거로 보우가 거래하는 은행을 괴롭히는지 이유를 말해 보시오. 정당한 이유가 아니면 당장 조사를 중단해주시오." 갑작스러운 나의 항의에 책임자는 당혹스러워하더니 "내가 꼭 찾아내고 말테니 가서 기다리시오."라고 했지만 내가 꿈쩍도 않고 서 있으니 휙 자리를 피해 하루 종일 사무실에 들어오지 않았다.

"나는 대답을 듣기 전에 절대로 이 사무실을 나가지 않을 것이며 만약 오늘 안으로 해결해 주지 않으면 내일 신문에 이 내용을 기사로 내서 국가 은행이 중소기업을 도와주는 것이 아니라 괴롭히고 있다고 할 겁니다."라고 담당자 옆에 있는 사람에게 이야기하고 점심도 굶은 채 서서 기다렸다.

그는 하루 종일 기다려도 오지 않더니 오후 퇴근 시간이 지나서야 사무실로 와서는 "알아보니 별문제가 없어서 조사를 종결했으니 돌아가시오. 당신 같은 사람 처음 봅니다. 여자가 지독하기는!" 담당자는 나를 징그러운 거머리 보듯 하며 휙 나가 버렸다.

하루 종일 굶으며 얼마나 신경을 썼는지 사무실을 나오려니 다리에 힘이 풀려 복도에 주저앉고 말았다. 한국의 조그마한 중소기업이 어려움에 처했을 때 아무런 조건도 없이 도와준 스와로브스키 본사의 넓고 깊은 배려와 믿음에서 나는 고마움을 느끼며 신용과 신뢰의 중요성에 대해 다시 많은 것을 배웠다.

자신을 믿어라.
자신의 능력을 신뢰하라.
자신감 없이는
성공할 수도 행복할 수도 없다

# 겨울 야외 사우나탕

1994년 뉴욕 주얼리 전시회 참가해서 만난 JOHN이라는 바이어는 키가 크고 나이가 많은 할아버지 바이어였다. 기획 상품과 메일 오더(제품 사진을 신문 전단지에 광고를 해서 판매하는) 방식으로 비즈니스를 하는 회사였다. 그는 한 가지 제품을 20,000~50,000세트 정도 주문하여 판매를 하며 1년에 3~4가지 스타일을 판매하고 있는데 항상 불량 제품에 대한 반품에 골치를 썩었다. 그러다가 보우 제품 판매 후부터 불량 반품이 없어지자 보우 품질과 디자인에 완전 매료되어 있었다.

존은 뉴욕에 있는 다른 주얼리 업체를 나에게 소개해 주며 "내가 보우 미국 영업 담당자이다."라며 농담을 하기도 하였다. 어느 추운 겨울날 뉴욕 출장 때 뉴저지에 있는 자기 집에서 꼭 묵으라며 공항에 마중을 나와 자기 집으로 나를 데려갔다. 부인과 함께 멋진 저녁을 먹은 후 그의 부인이 나를 뒤뜰로 데리고 가서 천막으로 만든 야외 사우나탕을 보여주며 "존이 Mrs. Kim을 위해 임시로 만든 야외 사우나탕이다."라고 하여 깜짝 놀랐다.

그 당시 내가 수영을 배우고 있고 수영 후에 사우나를 한다는 것을 알고 있는 존이 나를 위해 자기 집 뒤뜰에 천막을 치고 임시 사우나탕을 만든 것이다. 밖은 흰 눈이 펄펄 날리고 있는데 천막 안은 따뜻한 물이 철철 흘러넘치는 풍광이 너무도 운치 있고 아름다워 나를 감격의 도가니로 만들었던 야외 노천탕을 잊을 수가 없다.

존은 내가 뉴욕 출장 갈 때마다 나이에 걸맞지 않게 스포츠카를 타고 와서 공항 픽업은 물론 상담하는 바이어 건물까지 데려다주고 끝날 때까지 부근 카페에서 기다렸다가 또 다른 미팅 장소로 데려다줬다. 그는 보우 직원이나 가족처럼 모든 편의를 도와주면서도 내가 미안해하면 "나는 보우를 만난 것이 최고의 행운이오. 보우를 만나 회사가 잘되니 직원도 아내도 모두 보우와 Mrs. Kim을 좋아한다."라며, 자기는 크고 튼튼한 체구를 가지고도 아시아를 가려면 엄두가 안 나는데 가녀린 몸으로 자주 미국까지 다니는 내가 대단하단다.

어느 날 뉴욕 출장이 끝나는 날 멋지고 운치 있는 카페에서 "Mrs. Kim, Happy Birthday to You, You make me so happy. You have the real common touch."라고 했다. 어떻게 내 생일을 알았는지 생일 파티를 준비해서 매년 생일을 외국에서 홀로 보내는 나를 감동하게 했다. 어느 날은 미국에서 한국 보우로 전화를 했다가 내가 병원에 입원했다는 소식을 듣고 꽃바구니와 카드를 배달 시켜 주고 퇴원해서도 매일 전화로 안부를 물으며 격려를 해주는 고마운 친구이자 바이어였다.

　평생 잊을 수 없는 말

" You have the real common touch."

(당신은 마음을 사로잡는 매력이 있습니다.)

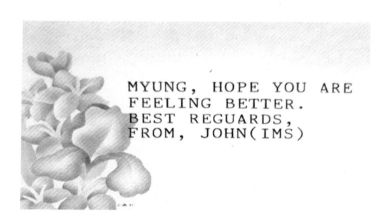

MYUNG, HOPE YOU ARE
FEELING BETTER.
BEST REGUARDS,
FROM, JOHN(IMS)

## 6·25 전쟁과 콜롬비아 할아버지

1988년 어느 날 한국 정부에서 한국 6·25 전쟁 때 참전했던 세계 각국의 한국 전쟁 참전 용사들을 한국으로 초대 하였는데 그분들 중 한 콜롬비아 사람이 주얼리 사업을 한다며 비즈니스 미팅을 하기를 원하여 한국 무역진흥공사에서 비즈니스 미팅 연락이 왔다.

미팅에 나온 할아버지는 콜롬비아에서 조그만 가게를 하시는 분이어서 보우와 무역 거래를 할 수가 없었다. 아쉬워하시는 할아버지를 모시고 미팅 후 퇴계로 명동에 있는 한식당에 모시고 가서 불고기를 대접해 드리고 선물도 드렸다.

6·25 한국 전쟁 때 1950~1953년 철원에서 복무하신 할아버지는 그때 다리를 다쳐 다리를 절고 계셨다. 할아버지는 "코리아가 이토록 눈부신 발전을 하니 너무너무 놀랐고 한국을 위해 참전했던 것이 너무도 자랑스럽다. 강원도 철원은 너무나도 추워서 동상도 걸렸다."라고 그때를 회상하시며 고개를 설레설레 저으셨다.

할아버지가 콜롬비아로 돌아가신 후, 젊은 시절에 한국 전쟁에서 다리까지 다치신 할아버지가 너무나도 고맙고 한국의 발전이 자기 나라인 양 좋아하시던 모습이 자꾸만 생각나서 무언가 도와 드리고 싶어 여러 궁리 끝에 보우에서 생산하고 남은 제품과 샘플 등을 모아 할아버지가 가게에서 팔 수 있게 여러 차례 콜롬비아로 보내 드렸다.

그리고 어느 해,

"Mrs. Kim이 보내준 물건이 이곳에서 인기가 아주 좋아 나에게 아주 커다란 도움이 되었다오. 내가 그 물건들을 팔 때마다 이 물건은 내가 젊었을 때 참전 했던 코리아에서 천사가 보내준 귀한 것이오, 하며 자랑을 했다오. 정말 당신이 너무 고맙고 코리아가 너무 자랑스럽고 또한 당신이 나를 너무나도 자랑스럽게 해주었소. 당신이 나를 내 가족과 손자들 그리고 친구와 이웃들로부터 한국 전쟁의 절름발이 사나이의 명예와 자존감을 찾아 주었소. 나는 영원히 코리아와 코리아 천사 당신을 잊지 못할 거라오. 우리 가족과 상의하여 이곳 아마존강 유역에서만 사는 'Morpo Butterfly' 액자를 보냅니다. 당신에게 하느님의 축복과 행운이 있길 빕니다."

편지와 함께 수만 마리 몰포 나비 날개로 만든 커다란 액자가 콜롬비아에서 태평양을 건너 배달되었다.

오색 빛이 나는 아름다운 몰포 액자는 15평 작은 보우 사무실에선 걸 곳이 없어서 창고에 보관하였다가 1995년 보우 사옥이 마련된 후에야 쇼룸에 걸었다. 이 나비 액자를 볼 때마다 그때 그 할아버지의 모습이 생각나고 잊고 있었던 나라 사랑하는 마음도 생긴다. 그리고 이 나비 액자를 보고 있으면 그 액자가 무언가 나에게 행운을 주는 것 같아 편안하고 기분이 좋다.

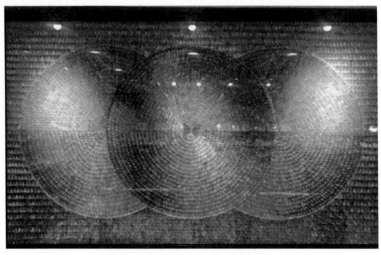

┃ 콜럼비아에서 온 morpo butterfly 액자

# 썩은 미소, 썩은 사과

고등학교 때이다. 학생과 선생님 호출을 받고 교무실로 갔다. 학생과 선생님은 내 앞에 편지 봉투가 가득 든 라면 상자를 내놓으시며 "너 이 편지가 다 뭐냐? 이게 다 너에게 온 거야."라고 했다. 상자를 보니 안에는 편지가 가득했다. 옆에 계시던 수학 선생님이 하나를 집어내 앞에서 열어 보시더니 "이놈이 월간지에 글을 보냈구나. 아주 제법인데. 전국에서 온 펜팔 편지가 이렇게 많네." 그러자 교무실 선생님들이 우르르 오셔서 편지들을 뒤적이셨다. 월간지 '여학생'에 내가 쓴 詩(시)를 보시고 모두 고개를 끄덕이셨다.

며칠 후 수학 선생님이 나를 따로 부르시더니 "서울에 문학에 조예가 아주 깊은 내 대학 동문이 대학교수로 있는데, 너에 대해 편지를 보냈더니 도와준다고 쾌히 승낙했으니 詩(시)를 써서 보내면 아마 많은 도움이 될 거다." 하시며 주소와 이름을 주셨다. 전혀 예기치 않았던 나는 시간 틈틈이 글을 써서 정교수님께 보내서 특별 詩評(시평)을 받곤 하였다. 첫 학교 발령지를 시골 깡촌으로 오신 수학 선생님은 얼굴이 하얗고 부잣집 오빠 같았지만, 학생들을 대할 때 언제나 웃는 얼굴로 대하시곤 하였는데 특히 그냥 있어도 눈웃음이 습관적으로 있으셔서 사춘기였던 우리는 반은 못마땅하고 반은 좋은 뜻에서 '썩은 미소' 또는 썩은 사과'로 불렀다.

한번은 수업 도중에 "여러분 중에서 세계적인 문학인이 나올 수도 있고 세계적인 지도자가 나올 수도 있으니 이러한 시골에 있을수록 더 열심히 노력해야 합니다."라고 하시는 바람에 여학생들의 야유를 받으신 적이 있다. 두메산골 깡촌에 있는 나에게 용기를 주기 위하여 자기의 동문에게까지 부탁하여 나를 도우려고 하셨던 마음 깊으시고 배려 있으신 고마우신 선생님을 친구들이 '썩은 미소' '썩은 사과'로 놀려댈 때마다 난 미안하고 죄스러우면서도 선생님의 깊은 배려를 친구들에게 알리지 않은 것이 지금 생각하면 생각이 너무 짧았던 것 같고 죄송하다.

선생님께서 그토록 나를 위해 수고하고 계시다는 것을 친구들이 알았으면 아마도 덜 놀려대었을 터인데 하는 아쉬움이 많다. 세계적인 시인이 못되어 수학 선생님에게 죄송하지만 자기 제자도 아니고 얼굴도 모르는 시골 여학생에게 바쁘신 중에도 내가 글을 보내면 정성스레 지적해주시고 가르쳐 주신 정교수님과 말없이 도와주신 조원용 수학 선생님 덕에 영문 시를 써서 세계적인 시를 써 보겠다고 영어 공부를 시작한 것이 씨앗이 되어 국제 비즈니스를 할 수 있었던 것 같다.

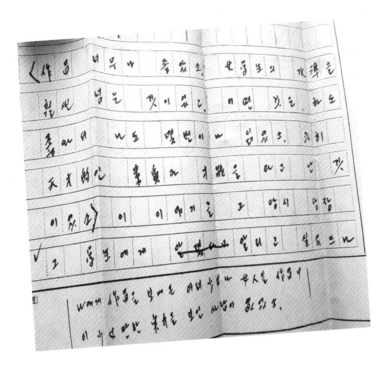

교육은
우리들의 머릿속에
새로운 씨앗을 심는 것이 아니라
우리들의 씨앗들이 자라나게 해 준다.

# 비행기 안에서 쓴 편지

아들 원석이가 초등학교 5학년 때이다. "저. 원석이 어머니신가요? 원석이 담임입니다. 드릴 말씀이 있는데 시간이 되시면 학교에 좀 들려주시기 바랍니다. 겨울 방학이 곧 시작될 무렵 처음 학교 담임선생님의 전화를 받고 달려가면서 여러 가지가 궁금했다. '무슨 일일까? 목소리 느낌으로는 사고는 아닌 것 같아. 한 번도 학교에 찾아가지 않아 화가 나셨나?' 이런저런 생각을 하며 교실로 찾아 갔다.

담임선생님은 반가운 얼굴로 맞이하여 주시며 "바쁘신데 오시라고 해서 죄송합니다. 원석이가 어머니를 굉장히 자랑스러워하며 "우리 엄마는 해외 출장이 많아서 무지 바쁘세요."하더군요. 겨울 방학이 끝나면 원석이도 6학년이 되고 저도 다른 반을 맡거나 전출 갈 수도 있어서 어머께 몇 가지 말씀드리고자 합니다. 원석이가 학교 성적은 나쁘지 않으나 학습에는 전혀 흥미가 없고 매일 야구 놀이에만 집중하는 것 같아 걱정입니다. 곧 중학교 갈 준비도 해야 하고 부모님의 관심이 필요한 시기입니다."

선생님 말씀을 듣고 살펴보니 선생님이 내주시는 숙제만 하고 친구들과 몰려다니며 야구 놀이하는데 집중하고 있었다. 겨울 방학 때

학원이라도 보내려 하니 안 가도 된다는 아이를 억지로 보낼 수가 없어서 난감하였다. 초등학교 입학하기 전에 집에서 4, 5학년 수준으로 미리 공부시킨 것이 학교에서 새롭게 배우는 매력을 못 느끼게 한 탓이었다. 봄 방학이 끝나고 6학년이 되었지만 특별한 방법을 찾지 못하고 유럽 출장을 떠나는 마음은 무거웠다. 비행기 안에서 6학년 담임선생님에게 편지를 썼다.

"선생님, 원석이가 공부에 취미가 없어서 매일 친구들이랑 놀기만 합니다. 학원이라도 보내려고 하니 싫다고 합니다. 좋은 방법이 없을까요?" 그리고 15일간의 유럽 출장을 끝내고 집에 돌아와 아들에게 물었다. "요즘도 매일 야구 놀이하니?" "네, 전 야구가 재미있어요. 하지만 담임선생님이 저와 저의 반 친구 5명에게 매일 수업이 끝난 후 교실에 남아서 문제집을 함께 풀게 하신 후 서로 비교해 보라고 하셔서 친구들이랑 아주 재미있게 공부하고 있어요. 그리고 함께 놀기도 하고요. 이번 주말엔 우리 집 정원에서 텐트 치고 그 친구들이랑 합숙하기로 했는데 너무 신날 것 같아요."

'아. 고마우신 선생님!' 난 멀고도 긴 힘들었던 해외 출장의 노독이 눈처럼 녹아내리는 걸 느끼며 눈물이 핑 돌았다. 그 뒤 아들이 중학교에서 전교 회장이 되었을 때나 고등학교 때 장학금을 받을 때 그리고 보스턴 대학을 졸업했을 때 가장 먼저 6학년 담임선생님을 찾아뵈라고 하였다. 가장 중요한 시기에 엄마 대신 관심을 갖으시고 지켜봐 주신 원석이 5학년 6학년 담임선생님의 배려는 평생 잊지 못할 것이다.

홀륭한 교사는
냉철한 머리와
따뜻한 심장이 있어야 한다.

# 버스 스토리

나는 나이 70이 다 되도록 스스로 해결하지 못한 트라우마가 있는데 바로 버스 울렁증이다. 내가 5살 때 어머니는 어머니의 막내 여동생(막내이모) 결혼을 앞두고 8살 언니와 5살 나 그리고 갓난아기 남동생을 데리고 외갓집에 가시게 되었다.

외갓집은 입석에 있어서 그 당시 제천에서 버스를 타면 2시간 정도면 가게 되었는데 숨 막히는 만원 버스 안에서 내가 내리자고 너무나 울어대니 하는 수 없이 내려서 제천서 입석까지 걸어서 가게 되었다.

어머니는 아기를 업으시고 손엔 우리 세 아이 옷가지 보따리를 들고 계시니, 5살 나는 언니와 손을 잡고 어머니를 따라 종종걸음으로 걷다가 주막에서 자고 또 걷고 지나가는 마차도 얻어 타고 해도 이틀이 지나도 도착할 길이 아직도 멀었다. 그러던 다음 날 그날은 어느 민가에서 하룻밤 자고 다음 날 아침 떠나려 하는데 잠을 재워 준 주인 아주머님께서 "젊은 새댁, 이렇게 어린아이들을 데리고 저 산을 넘기도 전에 또 어두워질 테니 아무리 생각해도 어려울 것 같소. 내가 우리 아들보고 산 너머까지 후딱 꼬마를 업어다 주라고 할 테니 그렇게 하시구려." 이렇게 그 마님의 배려로 나는 건장한 남자 등에 업혀서 산을 넘어 외갓집에 간 적이 있다. 이웃도 아니요. 친척도 아닌 지나가는 한 가족을 재워주고 먹여주고 그리고 아들을 시켜 아이를 업어다 그 먼 산을 넘어 마을까지 데려다주도록 도와주시고 배려해 주신 그 아주머님은 아마도 하늘에서 내려온 선녀인지도 모른다.

### "한 번의 큰 희생은 쉬우나 계속되는 작은 희생이 더 어렵고 힘들다."

시골에서 내가 다니던 중학교와 고등학교는 우리 집에서 4km 정도 떨어진 곳에 있었는데 걸어서 1시간 정도, 차로는 10분 정도 가는 거리였다. 그곳엔 조그만 미니버스가 다녔지만, 학생들 대부분은 걸어 다녔다. 집안이 넉넉지 못한 나 역시 걸어 다녔다. 비포장 시골길은 버스가 지나갈 때마다 흙먼지가 뽀얗게 나서 차가 지나갈 때마다 우린 한쪽으로 비켜서서 손으로 입을 막곤 하였다. 그러나 내가 걸어갈 때면 이 미니버스는 멈추어서 나를 태워주곤 하였는데 계속 공짜로 타고 다니려니 가끔 미안한 마음에 내가 안 타려 하면 "안 타면 버스가 출발을 안 하고 기다린다고 기사님이 말씀하셨습니다. 얼른 타요!"라고 조수가 성화를 대어 매번 타고 다녔다.

어느 날 학교 부근 친구 집에서 놀다가 어두운 밤에 집에 가게 되었다. 버스가 지나가다가 태워 주길 바라며 먼지 나는 도로를 걸어가는데 버스가 그냥 휙 지나가는 것이다. "나를 못 보셨나?" 학교에서 집까지는 4km 정도 되는데 집들이 없는 외진 곳은 혼자 가기가 무척이나 무서워 큰소리로 노래를 부르며 땀을 뻘뻘 흘리며 마구 뛰었던 기억이 났다.

그다음 날에는 여전히 버스를 태워 주셨다. 지금까지도 왜 나를 6년이나 공짜로 버스를 태워 주셨는지 모른다. 진실로 고마워하면서도 부끄러워 고맙다는 인사도 제대로 못 한것이 죄송스럽고 미안한데도 그분의 이름도 모르고 '조 기사'라는 성밖에 모른다. 버스에서 내려 기사를 향해 목례를 할 때마다 환하게 웃으시던 야윈 모습만 기억한다.

결혼 후 시골 갔을 때 그분을 찾아보았지만 어디로 이사를 하셨는지 아무도 몰라 찾을 수가 없었다. 이름을 알면 주소는 알 수 있겠지만….

여학생 시절을 떠올리면 하루나 이틀도 아니고 6년을 하루같이 학교 등하굣길에 항상 미니버스를 태워 주시던 '조 기사'님이 먼저 생각나고 고마움을 느낀다.

> "베푸는 사람은 작은 것이지만, 받는 사람은
> 그 안에 커다란 마음이 있음을 안다."

내가 직장 다닐 때 일이다. 내가 다니던 직장은 서소문에 있는 오진 그룹이었다. 오진 그룹은 우리나라 최초로 아파트를 건설한 건설 회사와 주유소를 여러 군데 가진 석유 회사와 버스, 택시를 여러 대 소유한 운수협동조합 등 여러 회사가 있고 주주총회를 삼청각이나 호텔에서 하는 대기업으로 기억한다.

나는 서소문에 있는 오진 그룹 본사 오진 빌딩에서 근무를 했다. 집이 한양 대학교 부근에 있어서 버스로 출퇴근을 하는데 교통도 좋지 않고 항상 콩나물시루마냥 만원이라 아침 출근 때마다 버스 멀미를 해서 회사에 도착하면 소금에 절인 파처럼 기진맥진한 상태로 얼굴은 하얗게 질려 있어서 오전엔 거의 환자처럼 앉아 있었다.

하루 이틀도 아니고 매일 같은 고생을 하니 동료들도 안타까워하던 중 어느 날 아침 우리 부서 부장님이 내가 버스 멀미를 심하게 하는 것을 아시고는 작은 임원 회의 때 나의 사정을 이야기했더니 마침 우리 집 앞을 지나가시는 나이 많은 상무님이 선뜻 본인 출근 차를 태워 주신다고 하셨단다. 그래서 아침마다 집 앞 대로변에 나가 서 있다가 상무님 차에 합승하여 출근해 그토록 곤혹스러운 버스 멀미를 하지 않게 되었다.

가끔 상무님께서 전날 과음을 하셔서 기다려도 차가 오지 않을 땐 급히 택시를 타곤 했지만, 결혼으로 회사를 퇴사할 때까지 출근길에 태워 주셨다. 하잘것없는 말단 여직원이 버스 멀미한다고 손수 나서서 도와주신 우리 부서 임 부장님과 이 상무님, 그리고 매일 아침 출근 때마다 태워 주신 주 상무님의 배려에 크게 감사한다.

# 스님의 도움

내가 아기였을 때 일이다. 6·25 전쟁 중에 임신하여 전쟁 중에 태어난 아기가 6개월이 안 되어 아기 머리보다 더 큰 볼거리가 생겼다. 아기가 고열로 물과 젖조차 먹지 못한 채 이제 죽기만을 기다리고 있을 때 평소에 들리시던 스님이 전쟁 중에도 먹을 양식을 공양하러 우리 집에 오신 것이다. 어머니는 공양을 하시면서 아기가 죽어 가고 있다고 슬프게 말씀드렸더니 스님은 방으로 들어와 아기를 살펴보신 후 어머니께 "동쪽으로 뻗은 뽕나무 가지"를 잘라다 푸욱 달여서 먹이라고 하셨다.

동쪽으로 벋은 뽕나무 가지 달인 물을 며칠 동안 계속 입에 넣어 주었더니 아기 머리보다 더 큰 볼거리가 사라지면서 아기가 살아났단다. 이 이야기를 듣고 그토록 아들만 중시 여기며 딸을 구박하시던 어머니가 계모인 줄 알았던 오해를 풀었다.

그리고 초등학교 6학년 때 일이다. 아버지의 기와 벽돌 공장 사업이 공장장이었던 사촌 오빠의 놀음 빚으로 파산했을 때 집안에 아들 2명 딸 4명 중 둘째 딸인 나를 아버님의 양 부모님 집안에 양녀로 보내기로 하셨다. 아버님 양부모께서는 6·25 전쟁 때 제천 우리 집에서 피난살이하셨다. 그 당시 서울시 간부이셨던 아버님의 양아버지는 전쟁이 끝나고 귀경 후 서울에서 사고로 돌아가셨다. 높은 직책에 계셨던 분이 우리 집에서 무사히 피난살이를 마치신 후 부모가 없으신 아버님을 양아들로 삼으신 것이다.

아버님 사업이 실패했다는 소식을 들으시고 아버지의 양 어머님이 오셨다. 집안이 갑자기 어려워지자 우리 부모님과 의논하여 나를 양녀로 데려가시기로 결정을 내리셨다. 건강하지는 않았지만 항상 조용히 한쪽 구석에서 책이나 즐겨 보는 책벌레라는 별명을 가진 내가 할머니 아들이 대학교 학장인 가정에 가도 밉상은 받지 않을 것이고 곧 중학교에도 보내야 하니 집안 사정상 부모님은 나를 보내시기로 하여 그곳 할머니가 나를 데리려 우리 집에 오셨다.

내가 안 간다고 눈이 퉁퉁 붓도록 울어 대니까 며칠 후에 다시 오시기로 하시고 할머니는 집으로 돌아가셨다. 어머니가 시간만 있으시면, "그곳에 가면 네가 좋아하는 책도 많고 부잣집이라 맛있는 것도 많이 먹을 수 있단다. 아기도 없어서 네 마음대로 놀 수도 있고 책도 마음대로 볼 수도 있다."라고 나를 달래시던 어느 날 채무자들이 물건을 모두 털어간 텅 빈 가게에서 어머니와 내가 앉아 있을 때 자주 오시던 스님이 오셔서 물 한 그릇을 청하셨다.

어머니가 물을 떠다 주시는 동안 나는 스님을 피해 밖으로 놀러 나갔고 물을 다 마신 스님은 어머께 "저 아이가 앞으로 이 집안을 많이 도울 겁니다."라고 했다고 한다.

나중에 안 사실이지만 그 스님 덕분에 어머닌 나를 양녀로 보내지 않으셨다. 할머니가 나를 다시 데리러 오셨다가 내가 가지 않게 되자 애들 교육비에 보태라고 주신 돈으로 어머니는 조그만 장사를 시작하셔서 아버지가 빚을 청산할 때까지 우리 6남매를 홀로 가르치고 키우셨다. 그 후에도 양 할머니는 가끔 오셔서 용돈을 주고 가셨고 내가 결혼 할 땐 대학 총장이신 아드님이 나의 주례를 서 주셨다. 그리고 그 할머니 손자가 지금 보우에서 근무하고 있다.

이번은 직접 내가 경험한 일이다. 초등학교 여름 방학 때 친구와 산딸기를 따러 갔다. 친구와 주전자를 들고 산딸기가 많다는 곳을 찾아 마을에서 조금 먼 산속으로 갔는데 초입부터 딸기가 많더니 점점 더 갈수록 더 크고 싱싱한 딸기가 많아 우린 신이 나서 노래를 불러가며 딸기를 연신 먹으면서 자꾸 깊이 들어갔다.

주전자 가득 딸기를 딴 후 집으로 돌아가려고 길을 찾아 이리저리 뛰어다녔지만 길은 보이지 않았다. 얼마를 헤매다가 우린 무서워서 둘이 손을 잡고 엉엉 울고 있노라니 갑자기 조용하던 숲속에서 부스

럭부스럭하는 소리에 무서운 짐승이 나타난 줄 알고 우린 서로 부둥켜안고 숨을 죽이고 있는데 작은 동자 스님이 나타났다.

지나가던 동자 스님이 우리 울음소리를 듣고 찾아온 모양이었다. 동자 스님은 우리를 화전민 사는 곳까지 안내를 해주고 갔다. 우리는 흐르는 옹달샘에 세수하고 시원한 물을 먹고 주전자를 열어보니 딸기는 죽이 되어 먹을 수가 없게 되어 흐르는 물에 버리고 마침 점심을 드시고 계시는 노부부에게 가서 길을 여쭈면서 할머니 할아버지가 드시는 보리죽을 뚫어져라 쳐다보았다.

길을 찾느라 배고픔도 잊었다가 갑자기 허기가 몰려온 것이다. 눈치를 채신 할머니는 커다란 감자가 있는 보리죽 두 그릇을 우리에게 주셨다. 그때 먹은 그 죽이 이 세상에서 가장 맛있는 점심이었고 지금도 가끔 심하게 건강이 나쁠 때는 그 보리죽이 먹고 싶다. 난 그때까지 옆에 끼고 있던 사탕 봉지를 할머니 할아버지에게 드렸더니 너무도 좋아하셨다. 우린 그 동자 스님 덕에 할아버지의 안내를 받아 무사히 집으로 돌아왔다.

# 관포지교

　나에게는 물질적으로 도와주는 친구도 많지만, 管鮑之交(관포지교)에 나오는 포숙아 같은 친구가 많다. 나 자신은 전혀 관중과 같은 그릇에 미치지 못하지만, 나의 친구들은 모두가 포숙아 같다. 지난 30년 동안 일에 미쳐서 친구들이 불러도 항상 바쁘다, 아프다, 출장이다 이 핑계 저 핑계로 친구들과 함께하는 시간에 무척이나 인색함에도 친구들은 내 마음을 나보다 더 좋게 이해하고 더 너그럽게 보아주며 더 따뜻하게 감싸주고 더 많이 배려해주며 나의 대변이 되어 나를 아껴 주어 얌체 짓 하는 나를 부끄럽게 한다.

　나를 믿어 주고 나를 배려해 주는 포숙아 같은 친구들이 있어서 언제나 든든하고 행복하다. 중국 한자 중에 朋(친구 붕)이라는 글자에는 밝은 두 개의 달이 있어서 친구가 어둡고 나쁜 길을 가지 못하게 서로를 밝혀 주는 것 같아 내가 좋아하는 글자다. 나도 朋 글자처럼 친구에게 밝은 달이 되도록 노력하려고 한다.

내가 환경이 좋을 때는
초대받아야 찾아오고,
내가 역경에 처해 있을 때에는
부르지 않아도 찾아오는 사람이
참다운 친구다

# 작은 마음이 모여

# 14

> "오렌지 하나를 따더라도
> 정성껏 하는 것이
> 나라를 위하는 길이다."
> 도산 안창호

❚ 미국 오렌지 농장에서
안창호 선생이 한인들과 일하시며

　나는 2000년도부터 여성 단체가 하는 국제 행사나 한국이 주관하는 여러 국제 행사 참석하였다. 세계 여성 경제인 총회(FCEM), 세계 여성 지도자 총회(GSW), 세계 여성 지위 향상(UN CSW), 아시아 태평양 이코노미(APEC), 유엔 글로벌 콤팩트(UN GLOBAL COMPACT), 문화 소통 포럼(CCF)에 참석했는데, 2001년부터 참가하기 시작한 FCEM은 한국에서 2006년, 2012년 두 번이나 총회를 열었을 때 FCEM 로고 브로치를 만들어 스폰하여 참가자 전원 700명에게 로고 브로치를 주었는데 해마다 다른 나라에서 열리는 총회에서 각국 대표단을 만나면 그 브로치를 달고 와서 반가워하고 좋아한다.

한국을 오랫동안 기억하도록 브로치 품질도 최고급으로 히여 평생을 사용할 수 있도록 했다. 2017년 FCEM 모나코 총회와 2018년 FCEM 뉴욕 총회에서 다시 만난 이태리와 아르헨티나 대표는 2001년 때부터 만났는데 2006년에 한국 총회 때 준 브로치를 매년 달고 와서 자랑하며 너무나 좋아한다.

이제는 모두 고령이 되어 언젠가는 그들의 얼굴을 보기 힘들 것 같아 안타깝다. 내가 속해 있는 단체가 한국에서 국제 행사를 할 때엔 사적인 것을 떠나 단체장이 누구이든 개인과 무관하게 내가 도울 수 있는 일은 무조건 최선을 다해 돕는다.

내가 30년째 가입해 있는 한 여성 단체가 있는데 3년마다 새로운 단체장을 선출하지만, 어느 지역에서 누가 당선되든 내가 지지하지 않은 사람이 회장이 되더라도 어떠한 오해를 받더라도 어떠한 어려운 일이 내게 있어도 내가 속해 있는 단체가 한국에서 하는 모든 국제 행사는 내가 할 수 있는 최선을 다한다.

국제 행사는 단체장 한 사람을 위한 개인 행사가 아니라 우리나라, 대한민국의 일이기 때문이다. 또 국제 행사에서의 조그만 배려와 도움은 국가의 격을 높일 수 있는 기회가 된다. 세계 각국 사람들이 한국을 방문하는 행사는 개인이나 단체장 일이 아니라 한국을 알리는 나랏일이다. 정치를 하는 사람도 국내에서 정쟁을 하는 것은 얼마든지 좋지만 국익과 나라의 명예가 달린 일엔 한목소리를 내는 모습을 보여야 국민들도 작은 일에서부터 나라 사랑하는 습관을 갖게 된다.

몇 년 전에 스위스 다보스 포럼에 참가할 때다. 다보스 포럼에는 세계적으로 유명한 경제계, 재계 정치인까지 수만 명이 참가한다. 대표단들은 저녁마다 자기들 나라 홍보에 적극적이다. 한국인의 밤 행사가 있던 날도 같은 시간에 여러 나라가 다양한 행사를 했다. 한국은 200명 정도 예상하고 준비를 했다는데, 한국인 가수 싸이가 참석한다는 소식이 나가자 구름처럼 몰려와 아예 한 발짝도 움직일 수도 없을 정도로 1,000여 명이 몰려들어 행사장은 뜨거운 열기로 참석한 사람들이 모두 땀범벅이 되었다. 세계적으로 유명한 재계 경제계 사람들이 모두 참석했던 것이다.

가수 한 사람이 대통령보다도 더 위력 있는 홍보 효과가 있는 것에 놀랐고 그가 위대한 애국자처럼 느껴졌다. 빌보드 뮤직 어워즈, 아메리칸 뮤직 어워즈 상을 받고 UN과 세계에 한국을 알리는 방탄소년단처럼 자기 분야에서 최정상에 도달하여 한국을 알리는 한류 스타들 같은 연예인도, 세계대회에서 태극기를 올리는 체육인도, 예술

인도 모두가 애국자다.

내가 우리 아이들이 유치원, 초등일 때 사업을 시작하여 외국 출장 갈 때마다 아이들이 따라가겠다고 울면 남편은 아이들을 달래며 "엄마는 달러를 벌어 오는 훌륭한 애국자란다. 애국자 엄마가 편안하게 다녀오게 해드려야 너희도 나중에 훌륭한 애국자가 될 수 있어"라고 했다. 그래서 우리 아이들은 어릴 때 엄마가 대단한 애국자로 알며 자랐다. 그리고 항상 엄마를 배려하며 이해해 주는 모습이 고마웠다.

아들이 미국에서 대학을 마치고 결혼해서 뉴욕에서 살 때다. 태어날 아기 국적이 꼭 한국이어야 한다며 8개월 된 산모를 데리고 귀국한다고 해서 남들은 일부러 외국으로 출산하러 가는데 굳이 꼭 와야 하느냐 야단을 치면서도 은근히 아들 내외가 고맙고 대견스러웠다. 애국이라는 것이 어느 날 갑자기 위대한 일을 하는 것도 있겠지만 미약한 우리는 각자의 위치에서 길을 묻는 외국인에게 친절하게 하듯이 한국에서 하는 국제 행사를 각자의 자리에서 돕는 일, 각종 국제 행사나 올림픽에서 태극기를 올리는 일, 한 가정생활 속에서, 학교 교육 생활 속에서 건전한 아이들을 키우듯이 작은 일에 서로를 배려하는 마음을 갖는 작은 습관들이 모여 사회를 형성하다 보면 이 모두가 모여 애국심이 되지 않을까?

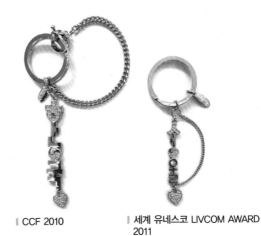

‖ CCF 2010

‖ 세계 유네스코 LIVCOM AWARD 2011

| | |
|---|---|
| 2006 FCEM | 2000 사랑의 친구 |
| 2012 FCEM | 한국 여성 경제인 협회 |
| 2006 AFEC | |
| 2009 AWEC | UN CSW |

‖ 보우가 스폰한 국제 행사 브로치들

| UN– CSW 2001

| UN GLOBAL COMPAC 2010

| 2003 MOROCO GSW

| 2017 APEC 베트남 다낭

| 스위스 다보스 포럼 | 2016 FCEM MONACO |

# 15 중국 공장의 수난

도저히 한국에서는 더 이상 제조가 어려워 외국으로 생산지를 옮겨 가던 시절 보우는 중국으로 생산 공장을 옮기지 않고 한국에서 버티려고 처음엔 중국 청도에 300명 정도 수용하는 반제품 조립 공장을 운영 하다가 일이 점점 늘어나서 반제품 공장을 하나 더 만들었다.

그러나 유명 브랜드 제품 주문이 늘어나고 유럽과 미국 근로기준법에 맞는 공장 시설을 한국에서 하기에는 보우 빌딩 같은 건물이 3개도 부족할 것 같았다. 한국에서 공장을 확장하려면 경제적 투자가 너무 크고 바이어들도 모두 중국 한 곳에서 완제품 생산하기를 원해서 중국 공장 2개를 하나로 합치려고 5,000평 공장 부지를 50년 임대하여 2,000명이 일할 수 있는 제3공장을 건설하였다. 2,000명 공인의 숙소인 아파트도 공장 옆에 마련했다.

1,500명 공인과 30명의 한국 직원들이 일하는 청도공장은 한국 직원들을 배려하여 공원도 가깝고 한국 식당들이 많은 쾌적한 곳으로 자리 잡았다. 아침 출근할 때와 저녁 퇴근할 때 공인들이 한꺼번에 우르르 나가는 모습은 옛날 학교 때를 연상하게 하였다. 한곳에서 모든 생산이 이루어져서 여러 가지로 편리하였다.

투자도 많이 하였지만 넓고 쾌적한 곳에 최신 시설까지 갖추어 마음이 뿌듯했다. 하지만 전혀 예상치 못한 일이 일어났다. 보우는 중국 청도 지역에서 최초로 명절 휴가 때 공인들에게 보너스를 현금으로 지불하곤 했다. 그 때문에 보우가 공인을 모집할 때면 지원자가 구름떼처럼 몰려오곤 하였다. 어느 해 추석 명절엔 직원 중 한 사람이 아이디어를 내서 보너스 줄 돈으로 선물 세트를 사서 아주 푸짐하고 커다란 선물 세트를 주자고 하여 생활용품 세트를 준비하였다.

선물 세트를 받은 공인들은 처음엔 무척 좋아하다가 현금을 안 준다는 것을 알자 모두 선물 세트를 반납하는 것이다. 1,500개의 선물 세트를 모두 운동장 가운데 산처럼 쌓아 놓고 다시 현금을 지급해 달라고 농성을 부리는 모습에 우리 한국 직원들은 무척 당황스러웠다. 아무리 한국 직원들이 설득을 해도 소용없었다. 점점 농성이 커지자 경찰들의 도움을 받아 스피커로 "이 선물은 보우에서 공짜로 주는 것이므로 가지고 가라."고 설득해 보았지만, 꿈쩍도 하지 않았다.

결국 트럭 5대를 불러 선물 세트 1,500개는 부근 양로원과 고아원에 기증을 하고 다시 현금으로 지불하고 말았다. 사회주의에 젖어 있던 중국 공인들은 자본주의의 돈의 효력과 매력을 맛본 후 무섭게 변화하고 있었다. 중국 정부가 외국인 회사에 노조를 허락하면서 사태는 점점 심각해져서 다시 공장을 2개로 분산하여 운영하는 방법으로 제2 공장을 또 지었다.

그러나 공장을 완공한 지 18개월 만에 도시 계획에 따라 대형 건물들이 설립된다며 6개월 이내에 공장 철거해야 한다는 통지서를 받았다. 다지어진 공장에 시설 설치만도 6개월 걸리는데 6개월 기한은 너무도 어이가 없고 터무니없는 요구였다.

공장 허가서까지 받았는데도 날벼락 같은 통지서를 보내고 6개월이 지나자 깡패 단을 동원하여 한밤중에 공장으로 몰려와 공장 지붕에 올라가 기왓장을 내던지고 대낮에 망치를 들고 와 건물을 허물기도 하였다. 경찰에 신고하기도 하고 토지 주인과 싸우다가 결국엔 하는 수 없이 공업단지 안으로 다시 공장을 옮겼다. 공업단지엔 한국인을 위한 식당이나 편의 시설이 전혀 없고 시내 나오려면 외지고 무서워서 우리 한국인 직원들이 근무하기를 꺼려하여 한국 직원 배려 차원에서 환경이 좋은 곳으로 찾아 공장을 설립 하였다가 2번이나 철거를 당하다 보니 차라리 고생이 되더라도 산업단지에 자리를 잡았다.

50년 임대한 대지 5,000평에 학교처럼 거대하게 지은 제2공장도 도시 계획이 바뀌었다 하여 결국에 헐리고 말았다. 그리고 어느 해엔 한밤중에 8인조 권총 강도가 청도 보우 공장에 들이닥쳤다. 야근을 끝내고 문단속한 지 2시간 후에 들이닥친 권총 강도 8명은 자재를 몽땅 털어갔다. 이 자재들은 시중에서 바로 현금화될 수 있다는 것을 아는 사람들의 소행이었다.

새벽에 받은 급보에 그래도 사람이 다치지 않았다는 소식에 먼저 한숨 돌렸다. 보우가 거래하는 바이어들은 모두 전 세계에 매장을 갖고 있는 글로벌 회사들이라 신용이 가장 중요한데 자재를 모두 털렸으니 선적 날짜에 많은 차질이 생기게 되었다. 경찰에 신고했으나 3일 지나도 아무런 성과가 없었다. 보우 공장 털기 이전에 이미 다른 4개 회사가 털렸으나 한 회사도 강도들을 잡지 못해 아우성이었다.

어떤 회사는 땅굴을 공장 자재실까지 파서 자재만을 몽땅 털어 간 것은 자재들이 모두 현금화가 쉽다는 걸 알고 있는 것이다. 보우는 이 모든 사실을 종합해서 한국 영사관에 협조를 청하여 중국 청도 경찰에게는 "이 사실을 산동성에 알리고 한국 모든 신문과 TV 매스컴에 중국 강도들이 한국인 공장을 돌아가며 털고 있는데 중국 경찰은 속수무책으로 있다."라고 보도 하겠다고 으름장을 던졌다.

그러자 바로 다음 날 경찰은 "권총 강도들을 잡았다. 이 자재가 보우 것이 맞는지 확인하라."라며 보우에서 털어간 모든 자재들을 싣고 왔다. 기가 막힌 일이다. 그동안 크고 작은 많은 회사들이 강도당했지만 단 한 톨도 찾지 못했는데 도둑맞은 물건을 100% 찾은 건 보우가 처음이었다. 사건이 생긴 지 오랜 후에 들은 이야기지만 외국인 회사 중에서 보우가 청도에서 처음으로 명절 때마다 공인들에게 보너스를 지불하고 양로원과 고아원에 선물도 보내고 2005년 창립 기념식 때 중국의 황사를 막기 위해 1,500명 공인들을 동원하여 1,500그루의 나무를 심은 것과 보우 청도 지사장이 청도시 공예품 회장을 역임하고 청도 적십자 명예 회장직을 다년간 맡은 것 또한 많은 도움이 되었을 거란다.

한국이나 외국에서 사업을 해서 수익이 나면 그 사회의 어두운 곳을 밝히는 작은 불씨 역할을 하는 것을 잊지 말아야 한다. 보우는 중국 20년 동안 여러 가지 사유로 8개의 공장을 지었다.

BOW FACTORY IN QINGDAO

▌ china factory 1 (철거)  3번째 공장

▌ china factory 2(철거)  4번째 공장

❙ China factdry 3(산업단지) 5번째 공장

❙ Chinafactory 4(산업단지) 6번째공장

┃ China Factory 강소성  7 번째 공장

┃ 1,500그루 나무 심기

# 16 기업경영은
# 정글 속 같은 것

기업경영을 하다 보면 전혀 예기치 않던 일이 생긴다. 몇 년을 공들여 기술을 가르쳐 놓은 기술자들이 다른 중국회사로 옮겨 가서 보우의 기술이 유출되는 등 속상한 일이 많다. 특히 보우가 생산하는 주얼리는 모두가 핸드 메이드라서 세밀한 기술이 필요로 하여 1,500명이 넘는 중국인 공인과 소통 하려면 한국말을 잘 알아듣는 조선족 중간 관리자가 필요하여 보통 150~200명 정도의 조선족 중간 관리자를 채용하고 있었다.

이들이 3~5년 경력을 쌓으면 어느 정도 한국 기술을 전수받아 중국인 공장으로 스카우트 되어가곤 하는데 20년 동안 보우를 걸쳐간 기술자만 500명이나 되다 보니 보우 하청 공장하던 중국인 공장들이 낮은 가격으로 직접 보우 거래처를 공약하고 있었다. 모든 제품이 겉으로 보기엔 생산 작업이 쉬울 것 같지만 숨어 있는 복병이 있어서 난관을 겪을 때도 많다.

2008~2009년에 세계 금융 위기가 왔을 때 보우는 가장 큰 위기에 처했다. 2007년에는 모든 매체가 달러 환율이 960원에서 900원 미만으로 하락할 거라고 떠들 때 은행 담당 직원이 나에게 여러 차례 "회장님, 올 연말부터 환율이 내려가 내년에는 900원대가 무너진다고 합니다. 거래 은행에서도 보우는 100% 수출만 하니까 대비를 하는 게 안전하고, 선물환 계약을 2년 정도 하는 것이 좋다고 합니다."라고 했다.

사실 보우는 수출만 하는 회사라서 환율에 대단히 민감하다. 가격이 한번 정해지면 환율변동이 있다고 바이어들과 가격을 조정할 수가 없기 때문이다. 난 여러 기관에 문의를 한 후 달러 환율이 내려갈 것이라는 확신이 들어 선물환(KIKO와 비슷)을 하기로 결심하여 1달러당 960원에 2년을 계약했다.

"2년 동안은 환율 걱정 안 해도 되겠구나!"라고 안심하고 지내던 순간 바로 다음 해 2008년에 예상치도 않던 세계 금융 위기가 터지면서 달러 환율은 매일 하늘같이 치솟았다. 매일 같이 치솟는 환율은 달러당 1,500원 1,700까지 올랐다. 환율이 900이하로 내려갈 걸 대비한 것이 도리어 반대로 되다니….

누구도 예상치 못한 청천 하늘에 날 벼락같은 일이었다. 나날이 치솟는 환율 변동에 놀란 나는 꿈에서까지 밤낮으로 나를 괴롭혔다. 환율이 올라서 수입 자재나 협력업체에는 달러당 1,500이나 1,600원에 결제하면서 수출한 대금은 960원에 은행 협상을 하다 보니 손실이 날로 늘어났다.

어느 달은 계약 금액보다 적게 수출이 되면 차액만큼 달러를 1,500원에 사서 960원에 팔아야 하는 경우가 종종 있어 회사 손실은 눈덩이처럼 부풀어 1년에 20억씩이나 손실이 나는 것이다.

매일 신문과 매스컴에서는 선물환으로 무너지는 회사 소식으로 난리가 나는 동안 나는 하루하루를 살얼음 위를 걷듯 힘들고 어렵게 버티었다. 다행히도 보우는 창업 이래 은행이나 거래처에 부채가 전혀 없고 160개 넘는 협력업체들에도 외상을 하지 않아 다른 부담은 없었다. 아마 보우가 은행에 대출이 있었거나 외상거래를 하여 당좌 수표나 어음이라도 발행했었더라면 무너지는 다른 회사들처럼 버티지 못하고 파산했을 것이다. 매일 매일 늘어나는 손실에 대한 것도 속상하고 화가 나지만 대표자인 나의 판단 잘못으로 손실이 커서 열심히 일한 직원들에게 연말이나 명절에 보상을 못 하는 것이 더 미안하고 죄스럽고 마음 아팠다. 난 20년 이상 적립했던 내 앞으로 된 연금보험을 하나씩 정리하여 최소한의 명절 상여금만이라도 2년간 지급하였다.

무엇보다도 보우실업은 중국 2개의 공장이 임가공회사로 등록되어 있어서 현지 중국에서 조달하는 자재 대금을 법인으로 결제할 수가 없어 회사 규모가 점점 커져도 법인으로 전환할 수가 없어 개인회사로 남아 있어야 했다.

개인 회사로 되어 있다 보니 선물환 환율 손해를 손비 처리 할 수 없다는 국세청 통보에 나는 아연 질색하고 죽을 맛이었다. 중국 공장에서 생산하여 전 세계로 수출하고 대금은 100% 한국 본사로 들어온다. 100% 수출 대금임을 입증하는 자료를 국세청에 제출해도 개인회사라 손비 처리가 안 된다는 통보를 받았다.

회사는 실제로 어마어마한 손실을 보았는데 그 손실을 손비 처리 못하고 세금까지 내야 하는 청천벽력 같은 이중고에 따른 심한 스트레스로 몸은 날로 쇠약해지고 의욕 상실로 저녁에 지친 몸으로 누우면 다음 날 아침에 일어날 자신이 없었다. 건강은 극도로 나빠지고 있었지만 어려운 회사가 하루하루 버티기가 더 힘들어서 건강을 돌볼

여유가 없었다.

"원숭이도 나무에서 떨어질 때가 있다."라는 말이 나를 두고 한 것 같았다. 보우를 창업하면서 명심한 게 있다. '절대 외상을 하지 않는다.' '절대 은행이나 남의 돈을 빌리지 않는다.' 나는 사업을 하면서 어떠한 어려움에도 대비를 해야 한다는 것이 몸에 배어 있어서 무리한 부동산 투자도 하지 않고 항상 준비했기에 모두가 쓰러져 가는 상황에도 어려움을 이겨나갈 수 있었다.

고난이 없는 열매는 없다.
끝이 없는 고난으로 포기하고 싶은 순간
그 순간을
참고 견디는 사람만이 성공하게 된다.

# 수수깡으로 만든 여자?

재산을 잃은 사람은

많이 잃은 것이고

친구를 잃은 사람은

더 많이 잃은 것이며

용기를 잃는 사람은 모든 것을 잃는다.

그러나 건강을 잃으면

가족 재산 친구는 물론 용기까지 잃는다.


나는 지금까지 살아오면서 에너지가 넘치는 적이 없었던 것 같다.

지금도 한 끼니만 굶거나 조금만 스트레스를 받아도 두통이 오고 귀에서 매미 소리가 난다. 일반 매미는 15일밖에 살지 못하는데 나와 사는 매미는 40년이 되어도 늙지도 죽지도 않는다. 항상 갓난아기처럼 조금만 배가 고파도 조금만 피곤해도 참지를 못하고 울어댄다.

천식은 40년 편두통은 50년 넘게 달고 산다. 나는 에너지가 바닥까지 고갈되는 것같이 느끼거나 항상 피곤하고 늘 몸 어느 한 부분이 좋지 않아 병원을 들락거린다. "엄마, 친구들이 나는 수수깡으로 만들었대." 하면, 어머니께서는 "6·25 전쟁 때 임신하여 전쟁 난리 통에 낳았으니 산모가 잘 먹지 못하고 특히 언니를 낳고 또 딸을 낳아 어른들에게 죄스러운데, 아기가 배고파 울어도 어른들이 아기에게 젖 주라는 말씀을 안 하셔서 갓난아기 때 너무 많이 굶겨서 그런가 보다."라고 하셨다.

특히 10대 이후부터는 두통으로 고생이 심했다. 겨울이면 감기를 달고 살았고 결혼 후 둘째를 낳은 후엔 건강 상태가 좋지 않아 몇 차례 수혈을 받으며 병원에 입원할 정도로 몸이 급속도로 쇠약해지면서 천식까지 걸려 고생을 하였다. 이때부터 시작된 천식과 이명은 40년이 넘은 지금도 심각하다. 천식과 이명, 심각한 두통을 고치려고 좋은 병원은 두루 다 다녔고 집안에선 "보약을 집채만큼 먹은 여자"라는 별명이 붙었다.

1995년 어느 날엔 목에 계란만한 혹이 나서 병원에 갔더니 체중이 39kg에 갑상선 종양이라고 했다. 갑상선 종양 이후 쇠약해진 몸은 피부가 아토피로 변했다. 설탕과 조미료가 들어간 음식을 먹으면 온몸이 가렵고 아픈 귀족병 아토피는 해외 출장이 많은 나를 무척 괴롭혔다. 아토피 피부로 오랜 기간 피부약을 복용하다 보니 위가 나빠져서 자주 체하고 소화가 되지 않았다. 2000년엔 허리에 대상포진이 났다. 대상포진은 입원을 해서 지속적인 치료를 받아야 하는데 해외 출장이 잡혀 있어서 주사 대신 약을 처방받아 독일행 비행기를 탔다.

비행기 안에서 통증을 이기기 위해 대상포진약과 진통제까지 복용해서인지 몸 상태가 좋지 않았다. 호텔에 도착 후 밤새 앓다가 실신하여 다음 날 아침에 일어나질 못했다. 전화벨 소리는 들리는데 몸이 움직여지지 않았다. 바이어 회사에서 9시에 미팅하기로 약속해놓고 미팅에 나타나지 않자 바이어는 자기가 예약해준 호텔에 문의하여 분명히 전날 밤에 체크인 했는데 아침 약속 시간에 사람도 나타나지 않고 전화도 받지 않자 호텔 방으로 달려 왔다. 호텔 매니저와 함께 내 방문을 열고 들어와 의식을 잃은 채 죽은 듯이 누워 있는 나를 보고 얼마나 놀랐을까. 난 응급실에 가서 치료를 받고 호텔에서 이틀을 쉰 후 겨우 상담을 하고 귀국한 적이 있다. 그때 대상포진을 제대로 치료하지 않아 병균이 내성이 생겨 조금만 과로하거나 피곤해도 대상 포진이 발병하곤 하여 지금까지 나를 괴롭히고 있다.

2006년 7월, 영국에서 대학을 마치고 그 이듬해 석사과정을 졸업하는 딸과 처음으로 졸업식 후 이태리 여행을 함께 하기로 계획을 했다. 모처럼 잡은 딸과의 여행이라 설레는 마음으로 준비하면서 회사 일을 마무리하느라 며칠 밤을 새워 가며 일을 마치고 영국행 비행기를 탔더니 너무 무리했는지 비행기 안에서 또 몸살이 났다. 호텔에 도착한 그 날 밤부터 열이 심하게 나면서 온몸이 불덩이 같고 목에서는 계속 심한 가래가 쏟아져 나왔다. 그 당시 중국과 한국에 사스가 한창이어서 사스 환자로 오인받아 격리 수용될까 봐 병원에도 가지 못했다. 고열에 시달리는 나를 간호하는 딸과 나는 혹시 사스나 이상한 바이러스에 걸렸을까 봐 두려움에 떨었다.

영국에 있는 딸 친구들이 가지고 있는 비상약을 동원해 진통제, 해열제 등을 모아다 복용하면서 영국에서 유명한 천연 라임 가루와 차를 뜨거운 물로 수시로 마셨다. 5일간 호텔에서 꼼짝 못 하고 있다가 열이 내린 후 병원에 가서 진료를 받고 비행기를 타도 된다는 의사 처방을 받아 한국으로 돌아 온 적이 있다.

갑상선과 아토피 피부에, 수시로 발병하는 대상포진이 나를 괴롭히더니 2008~2009년 국제 금융위기 때 겪은 심한 스트레스와 면역성 저하로 2010년부터 '섬유근육통'이라는 희귀병에 걸리면서 내 건강은 최악으로 치달았다. 2008~2009년 세계 금융위기 때 회사 대표인 나의 잘못된 판단으로 은행과 선물환 계약으로 인해 2년간 막대한 손실을 입은 회사가 존폐의 위기에 놓였다.

그 계약 기간 2년을 하루가 한 달처럼 한 달이 1년처럼 길고 긴 나날을 두려움 속에서 지옥처럼 보내면서 불안감과 스트레스, 자책과 실망에서 건강이 더 악화되었다. 건강은 점점 나빠지고 있지만, 다행히도 회사는 수출 주문량이 점점 늘어 한 달 선적이 물량이 50건이 넘다 보니 중국공장과 한국 본사는 매일 전쟁터처럼 정신이 없었다.

매일 약을 한 보따리 안고 중국과 한국을 이웃집 다니듯이 다녔다. 면역성 저하로 오는 '섬유근육통'이라는 병명은 세상에 알려진 지도 얼마 되지 않았고 이 통증은 어떠한 병원 검사에도 나타나지 않고 겉보기에는 전혀 환자 같지 않아서 꼭 꾀병처럼 보인다. 통증이 너무 심해 진통제 없이는 생활을 할 수 없는데도 보기에는 멀쩡했다.

지금은 병명과 치료법이 개발되어 병원에 가면 가장 먼저 항우울제 약을 처방 해주지만 그 당시엔 진통제로 견디며 자기 스스로 면역을 키워 치료하는 방법밖에 없었고 인터넷에서 서로 정보를 주고받는 것이 전부였다. 처음 내가 병원을 갔을 때도 나이 60이 되면 흔히 생기는 퇴행성관절염이나 류머티즘에서 오는 통증이라며 신경외과나 정형외과 치료를 3년이나 받으면서 병을 키웠다.

이 병은 몸살처럼 온몸이 아파 몸살약을 먹어도 통증은 없어지지 않고 통증과 두통을 참기 위해 진통제를 복용해야 생활을 할 수 있다. 병이 악화될수록 점점 진통제 복용량이 늘어서 하루에 2알씩 먹던 양이 나중엔 2알씩 5시간마다 5번 10알을 복용해야만 했다. 통증으로 불면증까지 동반하여 매일 수면제까지 장기간 복용하다 보니 어느새 우울증에 시달리면서 자살 충동까지 주기적으로 일어났다.

어느 날 친구가 얼른 TV를 보라고 해서 보니 TV에서 섬유근육통에 대한 환자들의 상태에 대해 나오는 걸 보고 커다란 충격을 받았다. 중환자가 되면 아예 누워서 꼼짝도 못하고 더 심해지면 완치가 힘들다는 것을 알았다. 밤이나 새벽에는 통증이 더욱 심해서 참다 못해서 밤마다 엉엉 울면서 "엄마 나 좀 데려가 주세요. 하느님 제발 저 좀 데려가 주세요. 더 이상 고통을 이길 수가 없으니 데려가 달라."라고 돌아가신 어머니와 하느님께 기도를 하곤 하였다.

하루 진통제 10알로도 견디지 못하면 죽기로 작심하고 매일 밤 유서를 써 놓고 남에게 피해 안 주고 편안하게 죽을 수 있는 방법, 가족들이 피해 보지 않는 방법을 연구하기 시작하였다. 욕조에서 수면제를 먹은 후 손목의 정맥을 자를까? 벼락에 맞아 죽으면 얼마나 좋을까? 천둥 번개가 치는 날이면 우산을 쓰고 전봇대 밑에 서 있는 나 자신에 스스로 놀라기도 했다. 자동차로 한강을 뛰어들까? 비가 억수로 오는 날 한강 고수부지 외진 곳에 차를 세워 놓고 운전기사에게 커피 심부름을 시킨 후 자동차로 한강에 빠질 곳을 찾아다니기도 했다.

가평 집 부근 산을 다니며 목을 맬 적당한 소나무를 찾다가 수백 년 된 소나무에 목을 매기로 결심을 하고 직접 그 소나무에 줄이 닿는지 실험해 보고 진통제로 견디지 못할 정도가 되면 그 소나무에서 생을 마감하기로 결심했다. (그 후 내가 다시 소나무를 찾아갔을 때 내가 목 매려던 소나무 가지가 찢어져 쓰러져 있었다.) 낮에는 바쁜 일정에 정신없이 일하면서 밤에는 통증을 견디지 못해 자살할 방법만 연구하고 있었으니 얼마나 놀라운 일인가.

어느 날 수면제를 복용한 상태에서(sleep walking) 나 자신도 모르게 미국에 있는 아들에게 매일 밤 자살을 생각한다는 이야기를 했나 보다. 아들은 너무도 놀라고 황당해서 바로 귀국하여 "수면제 과다 복용으로 오는 우울증이니 당장 수면제를 끊으시라."라고 했다. 또 술에 약한 나에게 수면제 대신 독한 양주를 한 잔씩 마시기를 권유해서

2년간을 양주로 버티기도 했다.

무엇보다도 내가 심한 섬유근육통을 앓고 있을 때 내가 가입한 지 30년 이상 된 단체들이 나에게 단체장을 맡기려 해서 더 곤혹스러웠다. 고통스러운 통증과 우울증에 시달리면서도 겉보기에는 멀쩡하니 나의 고통을 이해할 수가 없는 그들은 사양하지 말고 해야 한다고 아우성이었다. 암 같은 중병에 걸리거나 어디 심하게 다쳐서 병원에 입원해 있으면 오해는 받지 않겠지만 통증약으로 버티며 외양은 멀쩡해 보이니 오해는 당연하다. 어떤 사람은 "멀쩡한데 엄살 아냐? 봉사 정신이 없는 게 아냐? 너무 이기주의 같다. 너무 무책임하다." 등등의 비난을 쏟아냈다. 특히 내가 가장 애정을 많이 가진 단체가 더 심했다. 선배님들께 불려가 혼나기도 했고, 오래 함께하던 임원들은 꼭 해야 할 사람이 핑계만 댄다고 괘씸죄를 붙여서 나를 왕따까지 시켜서 더욱 괴로웠고 곤혹스러웠다.

4~5시간마다 진통제 2알씩 먹으며 버티는 몸은 점점 쇠약해져서 하루하루 버티기가 힘들었다. 어느 날은 귀밑 쪽으로 콕콕 쑤시고 통증이 심해서 처음엔 치과에 그리고 이비인후과에 가도 아무런 이상이 없는데 계속 통증이 심해져서 큰 병원에 갔더니 "아이고, 5살 미만 어린애가 걸리는 볼거리 비슷한 바이러스에 걸렸군요. 요즘 아기들은

예방 주사를 맞아 걸리지 않는데 면역성이 떨어져 걸리셨나 봅니다."
하며 안타깝다는 듯이 말했다.

그 이후에도 온몸에 발진이 나서 병원에 갔더니 역시 5세 미만 아기들이 걸리는 수두 비슷한 바이러스에 걸려 백 개나 되는 발진을 7일 동안 다니며 가위로 잘라내는 치료를 받아야 했다. 이렇게 면역성 저하로 어떤 병이 어떻게 다시 걸릴질 몰라 불안하여 대중이 모이는 곳에 가는 것에 자신이 없었다. 그러다 보니 점점 대인기피증까지 생기게 되었다. 천식과 이명, 아토피, 갑상선, 대상포진 등이 괴롭혀도 여태까지 잘 버티었는데 섬유근육통에 우울증까지 겹치면서 모든 의욕이 사라졌다. 그래도 하루도 집안에 누워 있지 않고 진통제로 버텼다.

그러던 어느 날 경제 사절단에 참여하여 프랑스를 거쳐 영국 런던에 갔을 때 일이다. 경제 사절단은 프랑스 파리에서 런던까지 기차로 이동을 하여 기차역에서 준비된 버스로 런던에 있는 왕궁 뜰에서 영국 여왕 환영식에 참가하기로 되어있었다. 런던 시내에 들어서자 비가 와서 교통이 마비 상태가 되어 도저히 시간 맞추어 도착하기가 어렵게 되었다. "영국 여왕이 초대한 행사에 한국 대표단 자리가 비어 있으면 안 된다. 내려서 뛰어서라도 가야 한다."라고 왕궁까지 3km를 남자들은 버스에서 내려 뛰어가자며 우르르 내려 안내자를 앞세워 뛰기 시작하였다.

하이힐을 신은 나도 죽기 살기로 뛰었지만 내 앞에는 아무도 없었다. 내가 따라가고 있는지 아무도 뒤돌아보는 사람이 없었다. 그래도 땀을 뻘뻘 흘리며 뛰어 겨우 환영식이 시작하기 바로 전에 도착할 수가 있었다. 환영식도 무사히 끝내고 경제인 만찬도 마치고 호텔에 돌아와 옷을 벗으니 양쪽 허벅지가 피투성이 되어 있는 것을 보고 놀랐다. 갑자기 너무 먼 거리를 뛰어서 실핏줄이 터졌던 것이다. 내가 환자라는 것을 잊고 있었던 것이다.

그리고 어느 경제 사절단 참가 때 양국 경제 포럼 후 만찬 시간에 옆자리에 우리나라에서도 유명한 의사가 앉으셨는데 내 손에 여기저기 붙여진 통증 테이프를 보더니 "왜 손에 반창고를 그렇게 많이 부치고 있으세요?" 하고 물으셨다. 그때 박사님은 나의 설명을 조용히 듣고는 여성 호르몬제를 복용해 보라고 권하며 통증 치료 전문 의사를 소개해 주시며 면역성에 좋은 몇 가지를 추천해 주셨다.

호르몬제를 복용하고 소개받은 의사에게 치료를 받으면서 조금씩 통증이 나아지기 시작하더니 1년 후엔 진통제 복용이 하루 10정에서 6정으로 줄자 나에게도 작은 희망이 생겼다. 치료 할 수 있다는 희망이 생기자 인터넷으로 면역성 키우는 음식과 방법을 찾아 치료하기 시작하였다. 진통제와 수면제 복용량이 줄자 그토록 오랫동안 그림자처럼 따라다니던 우울증과 자살 충동도 사라졌다.

어느 날 새벽 친구가 우리 아파트 1층 로비에 있으니 빨리 내려오라고 하여 갑자기 영문도 모르고 내려가 보니 "시골 아버님이 어제 산에서 산삼을 캐셨다는 연락을 받고 김 회장이 병으로 너무 고생하는 것이 안타까워 어젯밤에 내려가 아버님께 사정을 말씀드리고 가지고 왔으니 이것이 도움이 되길 바란다."라며 산삼을 나에게 주는 것이다. 내가 친구를 불효자를 만드는 것 같아 마음은 무겁고 불편했지만 친구의 정성에 눈물이 핑 돌았다. 이렇게 친구와 가족들은 산삼이나 면역성에 좋은 것을 모두 나에게 보내 주었다.

내가 건강을 되찾을 때까지 8년 동안 면역성에 좋은 프로폴리스와 로얄젤리를 대 주는 수원 친구와 산삼, 삼복고 각종 효소를 보내 준 창원 친구, 새로운 병에 걸릴 때마다 명의를 찾아 주시는 윤 박사님과 광화문 김 대표님, 가평 집 텃밭과 들과 산에서 자라는 갖가지 약초를 정성껏 효소와 환을 만들어 주고 나의 모든 응석을 받아주는 엄마 같은 나의 언니, 그리고 면역에 좋은 각종 좋은 것을 보내 주신 많은 친구, 지인들 모두에게 너무 너무나 감사하다.

❙ 목을 매려던 소나무 가지가 찢어져 거인처럼 누워있다

| 영국 여왕과 대통령 환영 행렬 | 왕궁에 겨우 도착한 내 모습 |

# 18

# 위기는 절대
# 혼자 오지 않는다

성공은

오만과 현실 안주를 불러오고

오만은

전략상 실책보다 더 큰 재앙을 낳으며

지나친 자신감은 반드시 화를 부른다.


2008~9년 금융 위기 이후 세계 시장은 최고급 명품 브랜드를 제외한 나머지 중상위 브랜드들이 휘청거리면서 가장 먼저 나타난 문제가 보우 주력 제품인 하이 브랜드들이 마켓에서 중저가 브랜드에 밀

려나기 시작한 것이다. 나날이 중저가 브랜드가 상승세를 보이자 고급 브랜드들도 하나둘 가격을 낮추기 시작했다. 이미 30년 이상 고품질 시스템에 안착이 된 보우는 감당하기 어려운 상황이어서 상담 때마다 바이어랑 가격 마찰이 생기기 시작하였다.

바이어들도 미팅 때마다 가장 중요시 여기던 품질보다 디자인만 살리고 가격 낮추는 것에만 비중이 점점 커졌다. 중국 인건비는 날이 갈수록 치솟고 중국에선 외국인 회사인 보우 같은 회사는 중국인 본토 공장들이 가격으로 밀고 나서는데 감당하기 어려웠다. 지난 20년 동안 중국 보우 공장에서만 배출된 고급 기술자만도 500명 정도 되다 보니 대부분 중국인 공장에 우리의 기술자들이 포진되어 있어 경쟁에서 이길 수가 없었다.

20~30년 오랜 기간 보우와 거래한 바이어들은 중국에서 가격을 못 내리면 베트남이나 인도로 생산 공장을 옮겨서라도 자기들의 가격을 맞추어 달라고 아우성이었다. 보우는 우선 급한 대로 청도에서 4시간 정도 떨어진 강소성 내륙에 제3공장을 만들었다. 내륙지역에는 우선 인건비가 저렴하여 도움이 될 것 같았으나 주변에 인프라가 안 되어 있는 데다 청도에서 너무 멀리 있어서 자재 공급이 어렵고 무엇보다도 한국인 관리자와 기술자가 서로 가지 않으려 하여 그곳으

로 발령만 내면 회사를 떠났다.

3년을 운영하다가 결국 많은 손실을 입는 등 어려움이 많아 중국인에게 거의 공짜로 공장을 넘겼다. 직원들도 회의 때마다 더 이상 중국에서 버티기 힘들므로 인도는 너무 멀고 베트남으로 가자고 하는데 난 엉뚱하게도 한국으로 돌아오려고 익산 주얼리 산업단지에 공장 부지를 계약했다.

2010년부터 섬유근육통이라는 희귀병을 앓고 있었던 나는 통증을 참기 위해 과다한 진통제와 수면제 장기 복용으로 심한 우울증과 향수병과 자기연민에 빠져 수시로 자살 충동 속에 헤매면서 더 이상 타국에서 떠돌이 생활이 싫었고 자신도 없었기 때문에 한국으로 돌아오고 싶었다. 우울증과 심한 향수병에 젖어 2년에 걸쳐 계획했던 한국행은 애초 예상했던 것보다 훨씬 늘어난 방대한 투자액으로 도저히 감당이 어려워 토지계약금 일부를 배상하고 다시 베트남으로 가기로 계획이 바뀌었다.

한국의 대기업들이 있는 베트남 하노이에서 2시간 30분 떨어진 사람들의 인적이 전혀 없는 외진 산속 신설 산업단지에 2헥타르의 대지를 구입하여 등기와 공장설립 허가 내는 데 1년이 걸렸다. 공장 건설 중에 어마어마한 암석이 내장 되어 있어서 다시 옆 대지를 구입해 건설하느라 시간이 지체 되었고 新산업단지에 보우 공장이 1호로 건립하느라 기본적인 전기 수도 폐수 처리 시설이 늦어져서 공장 건립은 예상보다 2배나 지연되어 추가경비는 눈덩이처럼 커졌다.

불확실한 세계 경제의 중요한 시기에 리더의 잘못된 판단으로 강소 성으로, 한국으로, 베트남으로 갈팡질팡하느라 시간 낭비, 자금 낭비하고 있을 때 바이어들은 가격이 싼 중국인 생산 공장으로, 베트남, 인도 공장으로 발 빠르게 옮겨 가기 시작하였다. 무엇보다도 하이 브랜드 시장 매출이 줄자 바이어들도 과감하게 구조조정에 들어갔다. 아침마다 출근해서 e-mail을 열면 보우와 20~30년 함께 하던 외국회사 베테랑 수장들이 회사의 구조조정으로 하루아침에 업계를 떠나는 소식이 나를 더욱 슬프게 만들었다. 오랜 친구 대신 새로운 젊은 운영진으로 바뀌어진 바이어들은 상담할 때마다 옛날 오래된 친구의 얼굴들은 볼 수가 없고 상담하기 전에 항상 나누던 화기애애하고 애정 넘치는 서로의 관심사는 전혀 찾아볼 수가 없는 황량하고 바람 부는 사막 모래벌판 같았다.

발 빠르게 저가로 움직이는 그들을 이해 못 하는 내 눈에는 젊은 바이어들이 경험 없이 젊은 혈기에 그동안 선배들이 쌓아 놓은 브랜드 가치를 망치고 있는 것 같이 보였지만, 오히려 젊은 바이어들 눈에는 보우의 자존심인 품질만 고집하다가 대화가 안 되면 다른 공장에 가서 하라고 고래고래 호통을 치는 내가 얼마나 엉뚱하고 한심스러 웠을까!

상담 때마다 나의 이러한 행동은 어느 바이어도 이해가 힘든 '을'인 주제에 완전 슈퍼 '갑' 노릇을 하고 있었다. 보우 직원들에게도 바이 어에게 이끌려 함부로 가격을 낮춰 주지 말라고 경고하였고 계속 보 우 가격을 문제 삼는 바이어는 거래를 중단하라고 지시했다.

사실 전에도 몇 개의 브랜드들이 보우 가격이 높다고 다른 회사로 옮겨 갔다가 품질 문제로 다시 보우로 돌아온 적이 여러 번 있었기 때문에 오만과 자만심으로 가득 차서 바이어 미팅 때마다 나 자신도 모르게 화를 내고 짜증을 내다보니 점점 바이어 미팅이 싫어졌고 우 울증세는 점점 악화되어 바이어 미팅에도 참석하기가 싫었다.

그리고 보우의 주력 바이어들인 하이 브랜드들은 대부분 전 세계 에 매장을 갖고 있는데 온라인에 고객을 빼앗겨 매출이 급감하여 방 대한 비용을 감당 못 하여 몇몇 큰 회사들은 은행 관리에 들어가는 상황이 벌어지고 있어서 또 다른 위기가 몰려오고 있었다. 보우의 메 인 바이어들이 휘청거리자 위기감을 감지한 보우 임원들이 "보우도 방대한 중국 공장을 구조조정을 해야 한다."라는 제안을 했지만 나는 "몇 개 바이어들이 어려워졌다고 금방 보우가 무너질까 그러냐?" 라고, '보우 구조조정'이라는 말에 자존심이 상한 나는 버럭버럭 화를 내며 자존심만 내세우다가 구조조정 골드 타임을 놓치고 결국 호미로 막을 걸 가래로도 못 막아 어마어마한 손실을 가져 왔다.

오만과 자만심으로 눈과 마음이 닫혀 실제 상황을 파악 못 하고 있었다. 나의 오만과 자만에 실망한 높은 충성심을 가지고 오랜 기간 회사에 헌신한 사람들이 하나둘 회사를 떠나기 시작했다.

어려움을 헤쳐나가기 위해선 지속적으로 혁신하는 회사를 만드는 것이 훌륭한 제품을 만드는 것보다 더욱 중요하고, 지속적으로 혁신하는 회사를 만들려면 혁신 할 수 있는 인재들로 채워져야 하는데 나는 엉뚱한 행동으로 그들이 떠나는 것을 방관하고 있었고 그때부터 팀워크는 무너지기 시작하였다.

세상은 매일 급속도로 변하고 있는데 나는 병마와 싸우느라 이미 지쳐 있었고 육체만 병들어 있는 것이 아니라 우울증이 가져온 정신적 병이 더 크다는 것을 자신만 모르고 있었다. 육체적인 병은 자신만 고통스럽지만, 정신적인 병은 여러 사람을 힘들게 하고 회사를 어려운 궁지로 몰고 가고 있었다. 육체적 정신적으로 병들어 있던 나는 엉뚱한 세상 속에서 허우적거리고 있느라 판단력을 잃고 직원들의 충언도 듣지 않았다.

우울증이라는 병은 어느 무서운 암보다도 더 치명적이었다. 모든 의욕을 빼앗아 갔다. 사리 판단하는 힘도 사라졌고 위기 상황을 판단하는 능력도 대처하는 순발력도 없었다. 나는 6년이라는 시간을 허비하면서 나 자신은 물론 회사까지 어렵게 만들고 있었다. 동종업계들이 부러워할 정도로 탄탄한 큰 브랜드들을 가장 많이 보유하고, 직원 모두가 사장 같이 일하는 철옹성 무적(無敵) 같던 보우가 뿌리채 흔들리고 있었다. 세계 주얼리 업계에서 아무리 크고 거대한 바이어를 만나도 조금도 기죽지 않고 그토록 당당하던 보우가 아니었다.

IMF와 글로벌 금융 위기 때도 지혜롭게 대처하여 승승장구하던 보우를 병약한 리더가 망치고 있었다. 30년간 은행 대출이나 부채가 없었던 보우는 중국 공장 구조조정 시기를 놓쳐 구조 조정이 장기화되면서 막대한 비용을 감당하느라 처음으로 은행에서 자금을 대출받기도 하였다. 위기의 극복은 타이밍인데 자만심에 빠져 직원의 충언을 무시한 대가는 너무도 컸다. 30년간 한 걸음 한 걸음 쌓아 올린 정상에서의 추락은 순간이었다. 나에게 닥친 이 무서운 재난은 내가 소홀히 보낸 시간에 대한 보복인 것 같았다. 지난 6년간 나는 걸어 다니는 시체였고 살아 있는 산송장이었던 것이다.

몸과 정신이 빈사 상태인 쌀쌀한 늦가을 어느 오후, 가평 집 계곡에서 가을 햇살에 따끈따끈해진 바위 위에 전신의 통증을 달래기 위해 등을 대고 누웠다. 눈을 감고 따끈한 바위의 온기를 만끽한 후 눈을 뜨자 눈 앞에 펼쳐진 가을의 깨끗하고 파란 하늘에 흰 구름이 너무도 아름답고 싱그러웠다. 20년 가까이 주말에 이곳을 찾았는데 이제야 아름다운 하늘을 제대로 보면서 갑자기 40년 전에 읽었던 톨스토이의 '전쟁과 평화'에서 안드레이 공작이 전쟁터에 쓰러졌다가 쌓인 시체들 사이에 홀로 깨어나 파란 하늘을 바라보며 그동안 명예와 탐욕에만 눈이 어두웠던 자신을 발견하여 반성하는 모습이 떠올랐다.

몸과 마음이 병들어 쓰러져 있는 나의 모습이었다.

돼지는 목이 땅을 향하고 있어서 하늘을 올려다볼 수가 없지만 그런 돼지가 하늘을 볼 수 있을 때가 바로 '넘어졌을 때'라고 한다. 어려움도 겪고 실수도 하고 부끄러운 상황을 닥쳐봐야 겸손을 배우듯이 지금까지 나의 모습은 때론 돼지를 닮아 물질과 명예에 눈이 멀어 그것만을 쫓아 고개를 파묻고 땅만 파헤치고 있지 않았나?

돼지처럼, 안드레이 공작처럼 이토록 아름다운 하늘을 볼 수 있도록 이렇게 넘어짐에 감사하다. 천하에서 가장 소중한 생명을 주고 부모님께 감사하는 마음 없이 일에 미쳐, 재물에 미쳐, 건강을 돌보지 않은 불효에 대한 벌임을 깨닫고 나니 새로운 세상이 내 앞에 펼쳐졌다. 주인 없는 저 푸른 하늘과 맑은 공기, 자유로운 잠자리와 새들의 지저귐, 따뜻한 가을 햇살과 따끈따끈한 바위, 계곡에 펼쳐진 갈대숲과 물속에 노니는 물고기와 다슬기, 그리고 산과 들에 있는 푸른 나무와 꽃들 모두가 나의 것이 되었다.

세상에서 가장 풍성하고 아름다운 부자가 된 나는 내 몸이 깃털처럼 가벼워서 푸른 하늘에 떠 있는 양떼구름 같았다.

**명분이 아무리 숭고하고 인품과 신망이 뛰어나도
조직이 망하면 최악의 리더가 된다.**

▍나에게 새로운 세상을 보게 해준 가평 파란 하늘

# 꿈에 미쳐라

# 19

꿈을 계속 간직하면

언젠가는 이루어진다.

사람은 꿈의 크기만큼 성공한다.

자신이 성취하고

획득할 수 있다고 생각하는 만큼

성장한다.

평생 살 것처럼 꿈을 꾸어라.

그리고

내일 죽을 것처럼 오늘을 살아라.

나의 첫 꿈은 내가 학교 졸업 후 서울에서 첫 직장을 다닐 때 부모님이 언니네 가족과 함께 살라고 독채 전셋집을 얻어 주셨는데 집주인이 파산하여 우리가 살던 집이 은행에 넘어갈 때가 있었다. 그때에는 전세권 설정 같은 것도 모르고 은행이 와서 이사비용만 주고 집을 비우라고 으름장을 놓으니 시골 부모님께 죄스러워 말씀도 못 드리고 산동네 쪽방으로 쫓겨 가서 살았다. 출퇴근길에 양옥집을 지나다니며 유난히 장미가 아름다운 집이 나를 사로잡았다. 그 집을 지날 때 마다 발걸음이 나도 모르게 멈춰지고 결혼하면 장미가 아름다운 집에 사는 것이 꿈이 되었다.

그리고 내가 다니는 회사 중역 중 한분이 미국에서 유학중인 아들과 나와 약혼을 시킨 후 나도 미국으로 유학을 보내 주신다고 하며 나와 아들과의 결혼을 설득하는 동안 난 내 꿈을 이루어 줄 백마 탄 왕자님을 만난 걸로 착각에 빠져 한동안 당장 꿈이 이루어지는 듯 했지만, 우리 집안과 생활수준 차이가 너무 큰 것에 부담이 커서 나는 엉뚱하게도 나를 5년이나 쫓아다니던 전자 부품 회사 공장에서 근무하는 가난한 집안 막내아들과 약혼을 하면서 장미꽃 양옥집 꿈은 물거품이 되었다.

약혼 후 시댁에서 준비한 살림집은 남의 집 문간방에 부엌도 없는 단칸방이었다. 남편 될 사람의 월급은 내 월급보다 적었고 그때는 여자가  약혼 후에는 회사에 다닐 수가 없어 회사를 그만 두어야 하니 장미꽃 정원이 있는 집은 그야말로 꿈이었다.

약혼하기 전 남편은 나에게 전자 부품에 코팅하는 엑폭시로 코팅한 공깃돌처럼 생긴 것을 한 움큼 주었다. 빨갛게 코팅된 것이 예뻐서 고리를 만들고 목걸이로 만들어 걸고 다녔더니 남자 친구가 그것을 보고 다양하게 만들어 남대문 시장 액세서리 도매상인에게 보여 주었다. 처음에는 별 반응이 없다가 도매상 주인은 액세서리 샘플을 주면서 색깔을 칠해보라고 했다. 약혼 후 집에서 결혼 준비를 하던 나는 정성껏 칠해 주었더니 바로 좋은 반응이 왔다.

내가 엑폭시 수지로 그린 용 두 마리 雙龍(쌍용)을 본 상인은 더 다양한 물건들을 준비해서 찾아왔다. 처음에는 도매상 한 곳만 찾아오더니 점점 소문이 나면서 수출 하는 회사들까지 여기저기서 물건들을 가지고 찾아왔다. 난 결혼 준비 자금을 모두 털어 작업 할 수 있는 커다란 방이 있는 한 층을 전세로 얻어 큰 마루와 큰방을 작업장으로 쓰면서 결혼 전부터 부업을 하기 시작했다. 처음에는 혼자 하다가 넘치는 주문량으로 2~3명의 보조를 데리고 부업을 하기 시작했고 시작한 지 3년 만에 꿈에 그리던 장미꽃이 아름다운 커다란 정원이 있는

2층 양옥집을 샀다.

두 번째 꿈은 처음 미국과 유럽 여행을 갔을 때 한국에서 만든 액세서리가 길거리 좌판이나 슈퍼마켓 할인 매장에만 있는 것이 아니라 고급 백화점이나 쇼핑몰에서 팔리는 것이었다. 한국의 자존심을 찾고자 고급 주얼리 생산에 뛰어들어 세계의 유명한 주얼리 30개 브랜드 생산을 한국 최초로 유럽과 미국에서 한국과 중국 보우 공장으로 옮기는데 성공하여 보우 공장에서 만든 주얼리가 세계 백화점과 면세점에서 팔리고 있다.

세 번째 꿈은 사업 출장으로 처음 미국과 영국에 갔을 때 우리 아이들은 조기 유학은 보내기 싫고 나중에 대학을 영국이나 미국으로 보내고 싶었다. 그 후 아이들이 자라 딸 선정이가 대학에 입학하자 영국으로 어학연수를 가겠다고 하여 흔쾌히 승낙했다. 고등학교를 수석으로 졸업한 딸은 내가 유학을 권했으나 어학연수만 6개월 다녀온다고 하였다. 2000년 3월 선정이는 6개월 어학연수만 하고 온다고 스스로 인터넷으로 영국을 뒤져서 영국에서 가장 아래에 위치한 치체스터에 있는 아주 작은 시골마을에 숙소와 학교를 정했다. 6개월 어학연수만 하고 돌아온다던 딸은 영국에서 4년 대학 과정으로 디자인 공부를 마친 후 런던 대학에서 석사까지 공부를 마치고 6년 만에 한국으로 돌아 왔다. 유럽 여행이나 한다던 엄마는 33년째 세계를 상대로 사업을 하더니….

모전여전인지?

아들 원석인 군대 복무를 마치면 언제든지 유학을 보내 준다고 약속을 했기 때문에 고등학교 졸업하자마자 군에 지원해서 군복무를 일찍 마친 후 미국에 가서 어학연수를 마치고 보스턴대학에서 비즈니스 경영을 공부하였다. 나는 사업을 하면서 항상 두 아이에게 미안한 마음이 깊이 있었다. 아들 수능 시험이 언제인지도 모르고 유럽과 아프리카로 출장을 갔다가 수능 이틀 전에 이집트 카이로에서 알고 놀라고 미안한 마음으로 귀국을 서둘러 겨우 수능 시험 전날 밤 도착할 수 있었고, 딸 수능 볼 때도 해외 출장 갔다 수능 시험 전날 귀국하여 겨우 아침에 집 대문에서 배웅만 하는 등 일에 미쳐 있다 보니 두 아이에게 소홀한 엄마이어서 두 아이에게 늘 미안한 마음이었지만 모두 잘 자라주어 나의 꿈을 이루어 주었다.

네 번째 꿈은 내가 2005년 동탑 산업 훈장을 수상 했을 때 어느 기자가 나에게 질문 했다. "여성 기업인으로 가장 큰상을 수상 했는데 앞으로 꿈이나 포부를 말씀해 주세요. 그때 나는 조금도 망설임 없이 "보우 직원들에게 대기업처럼 500% 성과금 주는 것입니다."라고 했다. 나의 대답에 기자는 너무 의외고 시시하다는 생각이 들었는지 "그런 것 말고 좀 더 커다란 희망이 없으신지…."

그래도 난 삼성이나 대기업처럼 수익을 많이 내어 고생하는 직원들에게 연봉도 많이 주고 성과금도 많이 주고 싶다고 했다.

그리고 그 꿈은 2010년에 이루어졌다. 연말에 직원들에게 100~500% 성과금을 지불했다. 무엇보다도 2008년 2009년 세계 금융 위기 때 KIKO를 계약한 대부분 회사들이 파산하는 것이 매일 신문과 TV 뉴스를 도배를 하고 있을 때다. 보우도 선물환 계약으로 엄청난 손실을 보아 회사가 어려움에 처해 있었지만 회사 직원들과 2,000명 공인이 똘똘 뭉쳐 150% 생산율이라는 기적을 만들어 회사도 위기에서 벗어나고 높은 수익까지 창출하여 나의 꿈을 이루어서 얼마나 대견하고 뜻 깊은 일인지 모른다.

보우 제품은 기계로 펑펑 찍어 내는 것도 아니고 모든 제품이 핸드메이드로 전 생산 과정이 사람이 직접 해야 하는 아주 까다로운 공정이라 150% 생산은 누구도 상상 할 수 없는 기적 같은 일을 해 낸 것이다. 노사가 한 마음이 되면 엄청난 시너지 효과가 있다는 것을 다시 크게 느끼는 계기가 되었다.

다섯 번째 꿈은 장미가 아름다운 단독 주택에서 아이들을 키울 때

난 케네디家의 사람들에 대한 책에 빠져서 많은 케네디家 책을 보면서 재클린이 사망 직선에 산책한 뉴욕 센트럴 파크 공원에 있는 아파트에 매료되어 나도 나이가 들어 노후에는 센트럴 파크 같은 문화와 자연이 공존하는 곳에서 살고 싶다는 꿈을 안고 살았다. 그 후 친구가 분양 받은 석촌 호숫가에 있는 주상 복합 아파트를 구경 갔다가 거실에서 보이는 석촌호수가 정원처럼 있고 너무도 아름다워 내가 꿈꾸던 풍광이 눈앞에 펼쳐져 있는 것에 매료되어 주택을 정리하고 호숫가로 이사를 했다.

문화를 즐길 수 있는 샤롯데와 롯데 타워가 있고 호수 주위에 작고 분위기 좋은 많은 레스토랑과 아름답고 멋스러운 카페가 구석구석 즐비하게 있다. 동네 구석구석 자투리땅을 송파구청에서 모두 작은 공원을 만들어 놓으니, 세계 유네스코에서 살기 좋은 도시로 선정되어 금상을 받은, 센트럴 파크보다 더 아름다운 호숫가에 살고 있다. 지금 나는 집 거실이나 베란다에서 내려다보이는 세상에서 가장 아름다운 석촌호수가 내 집 정원으로 내려다보이는 아름다운 풍광 속에 살고 있다.

그리고 2016년 지난 6년간 나를 괴롭히던 섬유근육통증과 우울증이 어느 정도 치유되었을 때 보우는 베트남 공장 지연 공사로 엄청난 추가 비용과 시기를 놓친 중국 공장 구조조정 문제로 여러 가지 난관에 빠져 있었다. 30년 동안 남들이 잘 때나 쉬고 있을 때 한걸음 한걸음씩 그토록 힘들게 올라간 정상이 내리막길은 한순간이었다. 보우 베트남 공장을 기다리던 많은 바이어들이 이미 저가 공장으로 옮겨갔고 高 품질을 고집하던 보우도 새로운 변화가 절실히 필요하였다. 한꺼번에 불어닥친 어려움은 보우를 힘들게 하였다.

그래, 새로 시작하는 거야. 지난 30년간 몰려오는 유명 브랜드 제품을 만드느라 정신이 없어 늘 꿈만 꾸던 보우 자체 브랜드를 다시 시작하기로 했다. 30년간 세계 유명 브랜드 제품을 디자인 개발 제조한 노하우를 담아 틈틈이 디자인 해놓은 것을 개발하여 공항 면세점과 비행기 면세점을 타겟으로 보우 자체 브랜드였던 마텔리 Martelli에 최고급 실버 주얼리를 론칭 하였고 인천공항 면세점 '아임 쇼핑' 코너에 자리를 잡았다. 그리고 보우 자회사인 보우 글로벌에서는 2017년에는 한류 수출 제품으로 자체 브랜드 '리타 모니카 Rita Monica'를 론칭 했다.

디자인과 품질은 명품 수준으로 하고 중간 유통 없이 바로 고객을 만나는 좋은 가격에 누구나 부담 없이 구매할 수 있도록 하여 인터넷 판매를 시도 하였더니 뜨거운 반응이 일어났다. 30년 동안 수출만 하던 보우는 지금까지 경영과는 전혀 다른 세계를 향해 깜깜한 정글 속을 눈먼 봉사처럼 한 발짝씩 한 발짝씩 조심스레 내딛고 있지만 꿈이 있는 한 위안과 희망이 보인다.

보우의 무서운 위기가 안락함 속에 잠자고 있던 또 다른 재능과 능력을 일깨워 주었고 죽을 때까지 노력하고 변화하고 혁신해야 함을 깨우쳐 주었다. 지금 나는 70을 바라보는 나이에 또 다른 꿈에 도전하고 있다. 내가 이 꿈을 이루든 못 이루든 살아 있는 한 꿈에 도전할 것이다.

꿈을 꾸면
꿈은 언젠가 이루어진다는 것을 믿고
꿈을 꾸는 사람은 그 꿈을 이루기 위해
끝없이 노력해야 한다.

❚ 보우 자체 브랜드

1952년 내가 태어나던 해에 65세의 나이로 KFC를 창업한 할랜드 샌더슨처럼 70을 바라보면서 새로운 꿈에 도전한다고 하면 아마 노망이라고 할지 모른다. 꿈을 못 이루더라도 꿈을 향해 도전 했다는 추억만으로도 후회 없는 삶으로 기억하기 위해서 나는 다시 꿈에 도전한다.

아무리 작은 일이라도 혼신을 다해 30년을 꾸준히 하면 위대한 역사가 된다. 20~30년을 흔들리지 않고 꾸준히 노력한다면 누구나 천재가 될 수 있고, 누구나 성공할 수 있다.

당신 안에 잠자고 있는

불가사의한 마력을 깨워야합니다.

당신 속에 숨어 있는 보석을 꺼내어

갈고 닦아서 세상을 위해 빛을 보아야합니다.

남들이 비웃을 만큼 큰 꿈을 가지고

여러분의 꿈에 도전하십시오.

꿈에 도전 중에 오는 실패는

성공을 위해 건너는 징검다리 같은

하나의 과정이라고 생각하면 됩니다.

운동선수는 실패를 연습이라 하고

과학자는 실패를 실험이라고 합니다.

꿈을 향한 도전 속엔

어려움과 고통만이 있는 것이 아니라

희망과 즐거움, 희열이 존재합니다.

꿈을 꾸는 순간은 청년입니다

청년은 미래입니다.

가슴에 별을 품어

가슴이 뛰어야 합니다.

당신의 꿈에 가슴 뛰는

사랑을 불태워야 합니다.

이 책을 읽는 독자 중

나보다 한 살이라도 더 어리다면

망설이지 말고

당신의 꿈에 도전하시기 바랍니다.

당신의 위대한 역사를 시작하시기 바랍니다.

## 보우 가족 여러분,

올 2011년은 세계시장이 혼란스럽고 어려운 가운데
보우도 제3공장을 만드는 등 어려운 일이 많았습니다
하지만 보우는
중국 청도에 들어온 지난 12년 동안
3번의 공장 강제 철거(도시재개발로) 당할 때
한밤중에 깡패들이 공장 지붕 기왓장을 내리기도 하고
깡패들을 몰고 와 망치로 공장을 부수는 어처구니없는 일
과 8인조 권총 강도 사건으로 자재를 몽땅 털리는 등을 겪
었고 2008, 2009년 세계 금융대란 때 KIKO로
보우가 위기에 처한 적도 있었지만
27살 보우는 다이아몬드처럼
튼튼하고 지혜로운 회사로 커 나가고 있습니다.


숯은 오랜 기간
압력을 받으면 다이아몬드가 된다고 합니다.

여러분 안에는

수많은 다이아몬드가 숨어 있어

이제나저제나 세상 밖으로 나가길 기다리고 있습니다.

고통과 역경은

숯을 다이아몬드로 만드는 압력입니다.

고통의 시간에 대한 인내가 없으면

여러분 안에 있는 수많은 다이아몬드가

끝내 숯에 머무르고 맙니다.

세계 최고의 명품 브랜드 제품을

디자인, 개발, 생산하는 여러분은

세계에서

가장 멋지고 아름다운 다이아몬드가 될 수 있습니다.

새해에도 행운이 함께 하길 빕니다.


2011년 12월 보우실업 대표 _김명자

" 나는 65살이 넘도록 포기하지 않았다.
숨이 붙어있는 한 절대 은퇴라는
말을 절대로 쓰지 말라."

– 할랜드 샌더스 –